LES

LÈVRES CLOSES

Causeur la Causette (handwritten annotation)

PAR

LÉON (DIERX) _4960_

FAC ET SPERA

A L

PARIS

ALPH. LEMERRE, LIBRAIRE-ÉDITEUR

47, _Passage Choiseul_, 47

—

M.DCCC LXVII

LES

LÈVRES CLOSES

DU MÊME AUTEUR:

—

©

LES
LÈVRES CLOSES

PAR

LÉON DIERX

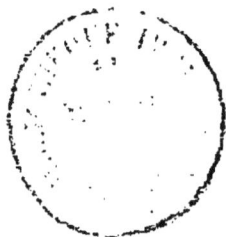

PARIS

ALPH. LEMERRE, LIBRAIRE-ÉDITEUR

47, *Passage Choiseul*, 47

—

M.DCCC LXVII

A mon cher Maître

LECONTE DE LISLE

L. D.

PRÉFACE

.

La préface d'un livre est le seul endroit où un poëte puisse librement exprimer son sentiment sur la poésie. Pour ma faible part, je profite de l'occasion que j'ai, en publiant ce second volume de vers, pour exposer ici quelques considérations générales. Elles ne sont, bien entendu, nullement responsables des vers qui suivent. Mais dans un temps où la critique, prêtant à certains poëtes les plus creuses épithètes érigées en doctrine, aime mieux se moquer d'un ridicule qu'elle invente gratuitement que d'étudier la poésie de tel ou tel, il n'est peut-être pas extraordinaire qu'un poëte, quel qu'il soit, avoue son esthétique aussi hautement que les

prosateurs quelconques se confèrent la sagesse
et la juste appréciation d'un art que presque
tous détestent.

I

Outre les artistes, dont la nature est de se
passionner pour le beau, et qui vivent dans
l'admiration constante des créations multiples
du génie et du talent, les arts ont leurs ama-
teurs fervents, leurs enthousiastes désintéressés,
leurs critiques sincèrement épris. La peinture a
ses collectionneurs amoureux ; la musique a ses
dilettanti intrépides ; la sculpture a ses contem-
plateurs, mais leur nombre est déjà plus restreint.

L'amateur de poésie n'existe pas, à vrai dire.
Le critique est très-rare, qui parle d'un poëte et
de poésie, avec un enthousiasme sincère, en
dehors des quelques noms que la tradition re-
commande.

La critique, à fort peu d'exceptions près, s'est
habituée à prendre envers cet art, le plus grand
de tous, un ton d'indifférence dédaigneuse, de
protection grotesque, ou de haine trop expli-
cable, servie alors par la plus qualifiable des
proses. Elle semble croire ou vouloir insinuer
que la poésie est un vieux préjugé, et que ce

siècle, infatué de lui-même, est sur le point de le faire disparaître.

L'expropriation des poëtes, pour cause d'inutilité publique, voire de danger, est réclamée à grands cris de tous côtés. Si, par malencontre, dans toute société qui se respecte, dans toute rédaction qui veut être respectée, on prononce le nom de l'un des grands poëtes du jour, on entend comme le battement d'ailes effarouchées des sauveurs habituels de Capitoles en péril.

Les vers gênent la circulation des intelligences. N'en a-t-il pas été toujours un peu ainsi? Le progrès lui-même n'a pas beaucoup perfectionné l'horreur instinctive que l'art suprême a toujours inspirée.

II

Depuis longtemps, il était d'usage, lorsqu'on publiait un livre de vers, de demander pardon, dans la préface, au public et aux critiques de ce béat XIXᵉ siècle. Cette amende honorable, faite avec un douteux sourire d'humilité, confessait le péché dont on se rendait coupable, et cherchait à établir des circonstances atténuantes pour excuser l'auteur de vouloir se glisser dans la foule. Il n'est rien de plus honteux, rien de plus efficace, pour avilir l'art sacré, de jour en jour plus méprisé. Le poëte, quel qu'il soit, a le droit de plus hautement découvrir son visage. Qu'il se trompe souvent et s'exagère son mérite, cela est incontestable. Il suffit qu'il croie sincèrement à la majesté de l'art, pour ne pas donner l'affligeant spectacle de la muse se ravalant jusqu'à implorer la multitude indifférente.

Toutes les autres branches de la littérature ont leurs présomptueux, comme la poésie. Aucun des auteurs de tant d'œuvres aussi informes, aussi avortées que les volumes de vers mort-nés, n'a encore songé à demander-grâce au lecteur. Je ne parle pas des présomptueux de la critique, et pour cause. Le métier même qu'ils exercent périodiquement exige la risible et suprême présomption de tout savoir, de tout comprendre, de tout juger. De leur propre autorité, ils se sont déclarés et ils sont reconnus comme les arbitres souverains de l'art et du goût; et chacun sait que toute la morale de ce glorieux XIXᵉ siècle s'est uniquement réfugiée chez ces bonnes âmes. Quelques-uns ont fait leurs preuves et sont justement écoutés. Mais pour un qui sait de quoi il parle, combien qui ne s'en doutent pas, surtout en matière de poésie! Cette confiance en eux est sincère, je l'admets volontiers. Qu'on veuille donc concéder aux poëtes le droit d'être ce qu'ils sont, sans fausse honte.

Tout vrai poëte, ou tout homme qui, se croyant

tel, a le culte et le respect de l'art, s'indigne
avec raison contre ces tristes préfaces. Les apôtres
de l'art le plus noble, le plus élevé, le plus
complet qui soit, ne doivent pas, quel que soit
d'ailleurs leur talent, l'abaisser ainsi volontai-
rement devant la torpeur et l'incompréhension
générales, ces lourdes filles de l'indifférence,
pas plus que devant les soi-disant juges, à qui
la paresse confère l'infaillibilité.

Ces humiliations sans excuse n'ont pas peu
contribué, je pense, à faire prendre les poëtes en
mépris par la foule ainsi sollicitée. Grâces aux
dieux, elles commencent à cesser.

III

L'orgueil des poëtes! cela est proverbial. En
vérité, si l'on ne savait quelle force ont toujours
eue les phrases toutes faites dans ce bon pays
de France, on s'étonnerait de ne pas voir les
poëtes décliner plus souvent cet orgueil devant
la vanité sans gêne des critiques.

Ces derniers pullulent dans ces temps. Les
mauvaises théories, les lourdes analyses, les
faux systèmes, encombrent et obstruent la voie
intellectuelle encore plus que les mauvais vers.
Les recueils de critiques émergent aux vitrines
des libraires, plus innombrables que les recueils

de poésies. Ils sont critiqués eux-mêmes; et ces critiques de critiques sont aussi réunies en volumes, pour être ensuite critiquées à leur tour.

Chaque jour un critique découvre que la poésie est morte. Croque-mort jovial ou mélancolique, il conduit le deuil des vivants. Il faut espérer que les poëtes finiront par croire ces lugubres avertisseurs; ils s'apercevront bien à la fin que le pouls de l'art ne bat plus, et ils cesseront alors de tenter l'escalade de ses temples en ruines.

C'est justement la trop grande humilité des poëtes qui a ainsi gonflé outre mesure la vanité de la critique. Et celle-ci, arrêtant partout la foule stupéfiée, lui a peu à peu inspiré la haine de l'art et du beau en poésie.

La poésie, dans l'esprit de ceux qui appellent réciproquement leurs plumes des *plumes autorisées*, est tombée en un tel discrédit, que l'indifférence générale lui est imputée comme preuve de stérilité, et qu'elle leur semble morte en raison même de leur incompréhensivité. La mort de la poésie est un de ces thèmes déjà vieillots, trop faciles à répéter pour être de sitôt abandonnés; c'est une de ces *admirables matières à mettre en prose française*, aussi usée que l'apothéose du progrès, mais qui a la vie aussi dure. Il semble que l'affirmation incessante de ce décès fictif soit nécessaire à la glorification de la grande fatuité moderne.

Quand les critiques ont à parler des salons de peinture, immuable est le résumé de leur mauvaise humeur. Le voici :— « Les artistes aujourd'hui ne se préoccupent que des marchands et des goûts grossiers de la foule. Du grand art, personne ne se soucie. Oh! le grand art! nous le comprenons si bien, nous! Mais on ne veut pas nous écouter! »

Ces mêmes critiques, parlant de poésie, ont pour tremplin à leur indignation le reproche exactement contraire. — « L'art pour l'art! quelle folie! quelle sottise! quel ennui! pas le moindre souci des goûts grossiers de la multitude! pas de modernité! Ce qu'il nous faut à nous, c'est de l'art sans art! »

Or la poésie est un art comme la peinture, un art plus élevé encore, plus complet de son essence. Pour tous les arts, le plus légitime des buts, c'est le beau, dans ses manifestations multiples. Avant tout, l'art doit initier au beau, non traduire l'idéal des masses. D'où vient donc que les critiques déplacent ainsi le but suivant qu'ils parlent de la peinture ou de la poésie? Est-ce là seulement un manque de la plus élémentaire logique, ou le parti pris de demander toujours aux artistes autre chose que ce qu'ils font?

IV

La critique se complaît à parler de morale à propos de vers, de vérités, de vertus civiques, à propos de rimes et de rhythmes, de progrès, de passions, de modernité, à propos de poëmes. Ce qu'elle entend par *sincérité* est incompréhensible ; ce qu'elle appelle des *idées* est surtout inexplicable, car les plus grands poëtes de ce temps sont accusés de n'en pas avoir. Elle réclame à grands cris du *cœur humain*. Le poëte le plus *humain* pour elle, maintenant, répondait de son vivant aux mêmes demandes par ce vers :

Le cœur humain de qui, le cœur humain de quoi ?

La critique a imaginé de faire croire au public qu'il y avait des poëtes possédant la *forme*, mais dénués d'*idées* ; ayant le *rhythme*, mais pas le *sentiment*. Et mille articles moutonniers répètent sans cesse cette ineptie, sans savoir au juste ce que cela veut dire. Or ces poëtes sont les premiers à déclarer qu'ils ne comprennent rien à ce jargon. Nul ne sait ce que ce peut être qu'une belle forme vide de sens. Ils pensent seulement que toute passion, toute idée, toute poésie, ne sont pas uniquement dans le débraillé senti-

mental, dans le négligé de la langue, dans les
confessions directes en rimes à peu près insuffi-
santes.

Enfin, les critiques terminent volontiers leurs
sermons en donnant aux poëtes, j'entends les
plus illustres, des conseils pour mériter ce beau
titre, en leur indiquant des recettes pour se mieux
conduire dans le monde.

Les poëtes auraient bien le droit de s'irriter
de cette esthétique grotesque, aussi bien que de
cet idéal de moralistes, que, pour la plupart, les
critiques se sont forgé, on ne sait par quelle per-
versité de goût. Mais ils se contentent de rire de
ce verbiage indigeste; et rien n'égale l'inanité
de ces doctrines inintelligentes, si ce n'est l'indifférence absolue des artistes ainsi admonestés.

Que la foule comprenne et écoute, ou qu'elle
se tourne ailleurs, qu'importe? Le vrai poëte
marche devant elle, et cela lui suffit.

V

Le public se fait de jour en jour plus rare
autour des poëtes de ce temps-ci. Cela est évi-
dent. C'est qu'il n'y a plus de vrais poëtes!
crient à l'envi les critiques. Et la foule, qui ne
lit plus guère que ces derniers, a fini par le
croire. Elle se croit même capable d'apprécier la

véritable poésie. Malheureusement ce mot, *véritable poésie*, est une locution indéfinissable dans sa bouche, une énigme indéchiffrable sous la plume des sphinx périodiques.

A force d'être proposée à la poésie comme le but souverain à faire tressaillir, la foule, dis-je, n'est pas très-éloignée de penser qu'elle tressaillerait si un vrai poëte surgissait, un nouveau Béranger par exemple. Hélas! le chansonnier a emporté le secret de chatouiller agréablement le délicat épiderme des jeunes Français.

Mais les grands et vénérés poëtes de 1830 sont des poëtes, au dire même de la critique actuelle, qui n'ose plus les contester. Eh bien! qui, sauf les poëtes, les lit donc aujourd'hui, ces vrais pères de la poésie française? Notre génération ne les connaît que de nom, et encore! Leurs œuvres, sauf deux ou trois citations obligées, sont presque aussi totalement ignorées que celles des maîtres plus récents. Chacun de ces derniers est grand poëte aussi, et artiste dans la plus glorieuse acception du mot, et doué d'une puissante originalité. Ils inspirent aux nouveaux venus un enthousiasme qui se condense sur l'un ou sur l'autre, suivant les tempéraments.

Une fois faite la part d'influence que la poésie française devra longtemps encore à l'immortel et exceptionnel génie qui nous a donné la *Légende des siècles*, ils ne ressemblent en rien à leurs devanciers. La critique devrait les en louer; elle les en blâme, au contraire.

La critique actuelle perd son temps à leur reprocher l'insouciance de la foule, comme jadis elle a perdu son encre à avertir les romantiques de 1830.

Les poëtes seuls font et ont toujours fait presque tout le public intelligent des poëtes. Seuls, ils choisissent et proclament les maîtres, avant la critique. — Le plus illustre des critiques de ce temps a été un grand poëte aussi à son heure. Combien y en a-t-il après M. Sainte-Beuve qui sachent parler poésie à propos d'un poëte?

L'idéal du vrai poëte a été et sera toujours le contraire de celui du public, et il n'est point vrai que cet idéal doive être la quintessence des sentiments et des aspirations de son époque, exclusivement. En vérité ce serait peu de chose. Rien de plus étroit et de moins fécond que ce système. Le cercle des visions internes du poëte a le droit de rayonner librement dans tous les temps. Le passé a le droit de refluer vers lui, et de faire émerger de son cerveau les luttes, les aspirations, les croyances, les mœurs, les religions, les souffrances, les paysages de tous les peuples, de toutes les époques, de tous les pays. Si l'on voulait bien rentrer en soi-même, et réfléchir sur ce mot, *poésie*, on reconnaîtrait que ce mot renferme justement le sens d'un soulève-

ment de l'âme, de l'esprit, de l'imagination, en
deçà ou au delà, mais hors du milieu subi. Et il
n'est pas de nature, si étrangère qu'elle soit à
toute manifestation poétique, qui n'attache in-
stinctivement et fatalement à ce mot, *passé*, une
vague et éternelle idée de poésie.

Le poëte n'a d'autre devoir que de rendre
sincèrement, suivant ses forces, selon sa percep-
tion particulière du beau, au gré de sa philo-
sophie du moment, les obsessions de son cerveau, les créations de son caprice, comme ses
sentiments propres. Pas plus que jadis, il n'a à
se préoccuper des tendances actuelles, si elles ne
lui plaisent pas. Car il ne contemple que la
beauté éternelle vers laquelle il aspire sans cesse.
Sous peine de déchéance, il ne doit pas faire aux
intérêts de son temps des concessions équivo-
ques, ni des sacrifices aux idoles du jour.

VI

La poésie n'a pas d'autre but que la poésie.
Tout poëme, toute conception poétique qui,
voulant prouver quoi que ce soit, ne tend pas
uniquement vers le beau, a peu de chances de
l'atteindre. Un beau poëme peut contenir un
enseignement moral. Mais alors ce poëme est

beau malgré cet enseignement, non à cause
de lui.

La poésie ne se définit pas. Son résultat im-
médiat est d'enlever l'âme du lecteur, par une
secousse plus ou moins violente, hors du milieu
terrestre, à l'aide d'un langage choisi, d'un
rhythme particulier, de la rime, des images, tout
aussi bien que par les sentiments, la passion, la
pensée, la description ou la fantaisie, le tout
baigné d'une harmonie générale.

Plus ces diverses manifestations sensibles du
beau poétique : forme, langue, images, rimes et
rhythmes, seront richement et savamment revê-
tues, plus elles communiqueront aux pensées,
aux sentiments, aux impressions, le sortilége de
cet enlèvement de l'âme qui est l'unique gloire
de la poésie, et dont l'effet par lui-même est es-
sentiellement moral. Si, en même temps, la conception est calculée, pondérée, voulue, pour
produire cet enlèvement de la manière la plus
efficace par la concentration ou le développe-
ment, l'œuvre sera parfaite.

Le public répète à satiété, pour se dispenser
de toute lecture, certains vers à tournure pro-
verbiale, contenant une vérité banale, irrécusa-
ble, une maxime de morale, une sentence quel-
conque. Il est disposé à croire que c'est là ce
qu'on nomme des *idées* en poésie. Ces formules,
la vérité est qu'elles n'ont jamais moralisé per-

sonne, et, en poésie, elles ont le tort irréparable
de n'être pas de la poésie.

Un certain nombre d'idées générales, de sentiments et de passions, ont toujours fait et fe-
ront toujours le fond commun de la poésie,
comme du théâtre, comme du roman, comme de
la critique elle-même. Ce sont les impressions
qui varient et renouvellent, en le fécondant, le
champ restreint des sentiments. Il faut entendre
par *idées*, en poésie, l'accord parfait, harmonieux,
voulu, de l'expression et de l'impression; le
rapport exact des images et des sentiments.
L'imagination n'est pas soulevée vers la poésie
par l'idée en elle-même ; mais par l'entente, la
coordination, la succession logique de ces images, de ces sentiments, de ces impressions, le
tout plus ou moins bien revêtu de couleurs
choisies, et aussi par la forme et la science du
style, par la cadence du rhythme, par la musique de la rime. C'est à travers ces auxiliaires
sensibles qu'elle perçoit la beauté invisible, et
voit s'ouvrir devant elle les portes splendides
des rêveries supérieures. Et encore une fois,
c'est uniquement dans ce ravissement de l'âme
vers un monde plus élevé qu'il faut chercher
l'action moralisatrice de la poésie.

Le tempérament du poëte varie. Il est passionné, satirique, fantaisiste, élégiaque, gra-
cieux, sombre, grandiose ou terrible. Il est per-

sonnel ou impersonnel, antique ou moderne. Il
est sobre ou coloriste, suivant sa nature ou son
caprice. Il est tout cela à la fois quand il est
grand poëte, et si ce siècle n'avait pas la manie
de vouloir tout spécialiser, il reconnaîtrait que
les grands poëtes de ce temps ont presque tous
ces côtés multiples.

Chacun possède l'une ou l'autre de ces qualités, ou plusieurs, ou d'autres encore. Il les per-
fectionne suivant ses forces. L'analyse de la critique ne doit porter que sur la plus ou moins
grande dose de poésie que contient l'œuvre
qu'on livre au public. On ne peut raisonnable-
ment la juger que sur les forces du poëte, sur
ses efforts ou ses défaillances, dans le sens qu'il
a choisi ou qu'il suit par nature ; sur son plus
ou moins d'originalité. Il est ridicule et injuste
de lui reprocher de n'avoir pas les qualités ou
les défauts d'un confrère qui marche dans une
autre voie. — Ceci me plaît ou me déplaît. —
C'est tout ce que le critique peut dire ; ou bien ;
— Ceci est bon ou mauvais. — Son rôle doit se
borner à constater les tendances des artistes.
Leur indiquer de nouvelles routes est une présomption gratuite de sa part.

Sans cette diversité, qui ne voit que tous les
poëtes se ressembleraient ? Et le néant sait ce
qu'ils seraient s'ils s'abaissaient à se modeler sur
le type grotesque et chimérique que la majorité

des éducateurs sans brevet continue à leur présenter comme leur idéal.

Le poëte est surtout admirable quand il est partout et toujours maître de lui et de son instrument, au point de ne jamais perdre l'impeccabilité souveraine de l'artiste.

Par-dessus tout, la poésie a le sentiment de la nature.

VII

Les arguments de la critique contre la poésie moderne sont : le manque d'idées, le souci pervers et exclusif de la *forme*, l'absence de préoccupation morale, le dédain des tendances actuelles, l'étude du passé, etc. Elle rappelle à l'élégie pure ceux qui possèdent cette impeccabilité artistique au plus haut point, et qui à travers leur sérénité objective nous ont ouvert le monde nouveau du grandiose ; ceux qui font revivre, avec un génie suprême et calme, les civilisations éteintes, les religions mortes, les philosophies antiques et barbares, et les encadrent dans le tableau splendide des paysages perdus, magnifiquement recomposés ou devinés merveilleusement.

Si je me suis bien fait comprendre dans ce qui

précède, on reconnaîtra avec moi que ces reproches n'ont pas de sens. D'ailleurs, le poëte aura beau faire, son œuvre portera toujours l'empreinte fatale de son siècle, et ceux qui savent lire retrouvent dans les œuvres les plus accusées d'insensibilité la trace des angoisses contemporaines et du sentiment si cher à la critique. Seulement ce sentiment leur est particulier et ne ressemble en rien aux lamentations banales admirées du public. Ces morceaux, pour sembler rares, n'en sont que plus saisissants, et la concentration leur donne une force terrible.

Tout ami sincère de la poésie et qui a lu les œuvres des maîtres actuels sait bien que sous une forme parfaite, exquise, suprêmement originale, les richesses poétiques, les pensées, les impressions, les images, les sentiments, les conceptions surabondent dans ces chefs-d'œuvre qui ont pour titres : *les Poëmes antiques, les Poëmes barbares, la Comédie de la Mort, Albertus, les Émaux et Camées, les Fleurs du Mal, les Cariatides, les Odes funambulesques,* etc .... Chacun de ces maîtres, à part toute question oiseuse de préférence, nous a révélé un nouveau monde, dans la sphère de sa vision particulière du beau.

Pour ne pas refaire ce que faisaient les grands réformateurs de 1830, ce n'en sont pas moins des poëtes de génie et de talent aussi. Ils ont

moins d'influence sur le public, parce qu'ils
sont plus artistes et que leur esthétique est plus
pure.

Je sais bien qu'une certaine classe de critiques
affecte, à grand renfort de phrases grossières, de
professer que depuis Hugo tous les poëtes d'aujourd'hui le répètent en l'avilissant. Ces reproches sont si puérils et dénotent une telle myopie
littéraire qu'il n'est pas besoin de les réfuter
longuement. Aucun poëte en effet ne s'est encore
créé tout d'une pièce, et depuis la nuit des
temps chacun a toujours relevé d'un ou de plusieurs devanciers. Mais il faut être aveugle pour
nier ce qui appartient en propre aux maîtres
modernes, ce qui est leur originalité, ce qui
fait enfin que l'on reprochera (cela a déjà com-
mencé) au nouveau groupe de poëtes plus jeunes
de les imiter à leur tour.

Cela sera ainsi jusqu'à la fin des siècles.

Si donc, malgré de tels maîtres, malgré de
telles œuvres, dont quelques-unes sont récentes,
le public s'est retiré des poëtes, c'est que son
goût actuel n'est pas à la poésie. Ce ne sont pas
les vrais poëtes ni les poëmes admirables qui
manquent à son appétit, c'est cet appétit même
qui fait défaut.

Encore une fois, c'est l'affaire de la foule de
chercher ses aliments intellectuels là où son
palais capricieux trouve sa jouissance. Ce n'est

pas aux poëtes à la consulter quand elle est ras-
sasiée, ni à flatter ses instincts pour la ramener
à eux quand elle s'est tout à fait détournée. Encore moins doivent-ils descendre à lui reprocher
son indifférence.

L'art ne peut que gagner à cette fierté native,
car son action s'exercera plus librement sur les
vrais amis de la poésie, ce luxe intellectuel dont
le sens a toujours été rare en France.

VIII

On sait l'histoire de la jument de Roland,
qui avait toutes les qualités et le seul défaut
d'être morte depuis longtemps. Bon nombre de
critiques disent sans cesse :

— La poésie moderne a tous les défauts de la
stérilité; mais rassurez-vous, peuples, depuis
longtemps elle est morte. — Et la preuve, de-
vraient-ils ajouter, c'est que nous-mêmes nous
avons cru en elle autrefois, et que nous n'avons
pu la galvaniser, tant nos propres vers étaient
mauvais.

Si la poésie était morte, comme depuis longtemps ils l'assurent, ils n'auraient pas besoin de
le répéter si souvent. L'oraison funèbre une fois
prononcée, les morts ont coutume de dormir en
paix. Il est inutile de faire tant d'efforts pour se

rassurer soi-même et pour tranquilliser les populations. Les actes de décès ne servent qu'une fois d'ordinaire, et il ne faut pas avoir l'air de craindre ainsi les revenants.

Le sentiment passionné de l'art et de la poésie vit encore dans plus d'esprits que la critique ne le croit. Les œuvres bonnes et mauvaises n'ont pas cessé de prouver les efforts sincères, sinon le talent, à chaque fois. Si peu d'entre elles méritent le beau nom de poésies, cela prouve seulement que le génie et le talent ont toujours été rares. Si toutes ne sont pas originales du premier coup, cela tient à la fatalité de notre époque tardive, et cela tient surtout à la richesse même de noms illustres que l'art a sacrés dans ce temps si accusé de stérilité.

Sans doute il est agréable à la critique de se proclamer seule vivante de nos jours. Mais si elle existe encore, c'est que tout n'est pas mort autour d'elle, puisque les créations des artistes, bons ou mauvais, sont le seul prétexte qu'elle ait de vivre.

Et si les clairons d'or des grands poëtes de ce temps retentissent vainement depuis bien des années autour des Jérichos modernes, c'est qu'en vérité il n'y a plus personne derrière les murailles.

L. D.

PROLOGUE.

J'ai détourné mes yeux de l'homme et de la vie,
Et mon âme a glissé sous l'herbe des tombeaux.
J'ai désappris mon cœur de toute humaine envie,
Et je l'ai dans les bois dispersé par lambeaux.

J'ai voulu vivre sourd aux voix des multitudes,
Comme vous, morts couverts de silence et de nuit,
Et, pareil aux sentiers qui vont aux solitudes,
Avoir des songes frais que nul désir ne suit.

Mais le sépulcre en moi laissa filtrer ses rêves,
Et vivant j'ai vécu du souci des vieux morts.
O forêts! votre angoisse a traversé les grèves,
Et j'ai senti passer vos souffles dans mon corps.

Le soupir qui s'amasse aux bords des lèvres closes
A partout obsédé le calme où j'aspirais;
Comme un manoir hanté de visions moroses,
J'ai recelé l'effroi des rendez-vous secrets.

Depuis lors, au milieu des douleurs ou des fêtes,
Morts qui voulez parler, taciturnes vivants,
Bois solennels! j'entends vos âmes inquiètes
Sans cesse autour de moi frissonner dans les vents.

LAZARE.

A Leconte de Lisle.

A la voix de Jésus Lazare s'éveilla;
Livide, il se dressa debout dans les ténèbres ;
Il sortit tressaillant dans ses langes funèbres,
Puis, tout droit devant lui, grave et seul s'en alla.

Seul et grave, il marcha depuis lors dans la ville,
Comme cherchant quelqu'un qu'il ne retrouvait pas,
Et se heurtant partout, à chacun de ses pas,
Aux choses de la vie, à la plèbe servile.

Sous son front reluisant de la pâleur des morts,
Ses yeux ne dardaient pas d'éclairs; et ses prunelles,
Comme au ressouvenir des splendeurs éternelles,
Semblaient ne pas pouvoir regarder au dehors.

Il allait, chancelant comme un enfant, lugubre
Comme un fou. Devant lui la foule s'entr'ouvrait.
Nul n'osant lui parler, au hasard il errait,
Tel qu'un homme étouffant dans un air insalubre.

Ne comprenant plus rien au vil bourdonnement
De la terre; abîmé dans son rêve indicible;
Lui-même épouvanté de son secret terrible,
Il venait et partait silencieusement.

Parfois il frissonnait, comme pris de la fièvre,
Et comme pour parler, il étendait la main :
Mais le mot inconnu du dernier lendemain,
Un invisible doigt l'arrêtait sur sa lèvre.

Dans Béthanie, alors, partout, jeunes et vieux
Eurent peur de cet homme; il passait seul et grave ;
Et le sang se figeait aux veines du plus brave,
Devant la vague horreur qui nageait dans ses yeux.

Ah! qui dira jamais ton étrange supplice,
Revenant du sépulcre où tous étaient restés!
Qui revivais encor, traînant dans les cités ·
Ton linceul à tes flancs serré comme un cilice!

Pâle ressuscité qu'avaient mordu les vers,
Pouvais-tu te reprendre aux soucis de ce monde,
O toi! qui rapportais, dans ta stupeur profonde,
La science interdite à l'avide univers !

La mort eut-elle à peine au jour rendu sa proie,
Dans l'ombre tu rentras, spectre mystérieux,
Passant calme à travers les peuples furieux,
Et ne connaissant plus leur douleur ni leur joie.

Dans ta seconde vie, insensible et muet,
Tu ne laissas chez eux qu'un souvenir sans trace.
As-tu subi deux fois l'étreinte qui terrasse,
Pour regagner l'azur qui vers toi refluait?

—Oh! que de fois, à l'heure où l'ombre emplit l'espace,
Loin des vivants, dressant sur le fond d'or du ciel
Ta grande forme aux bras levés vers l'Éternel;
Appelant par son nom l'ange attardé qui passe;

Que de fois l'on te vit dans les gazons épais,
Seul et grave, rôder autour des cimetières,
Enviant tous ces morts, qui dans leurs lits de pierres
Un jour s'étaient couchés pour n'en sortir jamais!

L'INVISIBLE LIEN.

L'invisible lien partout dans la nature
Va des sens à l'esprit et des âmes aux corps.
Le chœur universel veut de la créature
Le soupir des vaincus ou le rire des forts.

L'invisible lien va des êtres aux choses,
Unissant à jamais ces ennemis mortels
Qui, dans l'anxiété de leurs métamorphoses,
S'observent de regards craintifs ou solennels.

3.

L'invisible lien, dans les ténèbres denses,
Dans le scintillement lumineux des couleurs,
Éveille les rapports et les correspondances,
De l'espoir au regret, et du sourire aux pleurs.

L'invisible lien, des racines aux sèves,
Des sèves aux parfums, et des parfums aux sons,
Monte, et fait sourdre en nous les formes de nos rêves
Parfois pleins de sanglots, et parfois de chansons.

L'invisible lien, de la terre aux étoiles
Porte le bruit des bois, des champs, et de la mer,
Chantant comme les cœurs radieux et sans voiles,
Hurlant comme les cœurs pleins des feux de l'enfer.

L'invisible lien, de la mort à la vie,
Fait refluer sans cesse, avec le bleu passé,
L'angoisse séculaire en notre âme assouvie,
Et l'amour du néant sans cesse repoussé.

LE REMOUS.

Tout se tait maintenant dans la ville. Les rues
Ne retentissent plus sous les lourds tombereaux.
Le gain du jour compté, victimes et bourreaux
S'endorment, en rêvant aux richesses accrues ;
Nulle clarté ne luit à travers les carreaux.

Tous dorment, en rêvant aux richesses lointaines.
On n'entend plus tomber l'argent sur les comptoirs;
Parfois, dans le silence, un pas sur les trottoirs
Sonne, et se perd au sein des rumeurs incertaines.
Tout est désert, marchés, théâtres, abattoirs.

Tout bruit se perd au fond d'une rumeur plus vague.
Seul, aux abords vivants des gares, par moment,
Hurle en déchirant l'air un aigu sifflement.
La nuit passe. Son ombre étreint comme une vague.
—Oh! ces millions d'yeux sous le noir firmament!

La nuit passe. Son ombre étreint comme un mystère;
Sous les cieux déployant son crêpe solennel,
Elle éteint le sanglot du travail éternel;
Elle incline le front du penseur solitaire;
La vierge lui sourit hors du monde charnel.

Voici l'heure où le front du poëte s'incline;
Où comme un tourbillon d'abeilles, par milliers
Volent autour de lui les rêves familiers
Dont l'essaim bourdonnant par instants s'illumine;
Où dans l'air il surprend des frissons singuliers.

L'insaisissable essaim des rêves, qui bourdonne,
L'entoure, et dans son âme, où l'angoisse descend,
S'agite et s'enfle, avec un reflux incessant,
La houle des désirs que l'espoir abandonne :
Amour, foi, liberté, mal toujours renaissant.

Comme une houle immense où fermente la haine
De la vie, en son cœur plus sombre qu'un cercueil,
Déferle et vient mourir contre un sinistre écueil,
L'incurable dégoût de la clameur humaine
Dont la nuit au néant roule le vain orgueil.

LES RHYTHMES.

Rhythmes des robes fascinantes,
    Qui vont traînantes,
Balayant les parfums au vent,
Ou qu'au-dessus des jupes blanches,
    Un pas savant
Balance et gonfle autour des hanches!

Arbres bercés d'un souffle frais,
Dans les forêts,
Où, ruisselant des palmes lisses,
Tombent des pleurs cristallisés
Dans les calices
Roses encor de longs baisers!

Soupir des mers impérissable,
Qui sur le sable,
Dans l'écume et dans les flots bleus
Traînes l'amas des coquillages;
Flux onduleux .
Des lourdes lames vers les plages!

Air plaintif d'instruments en chœur
Qui prends le cœur,
Et, traversant la symphonie,
Nais ou meurs, sonore ou noyé
Dans l'harmonie,
Et reviens sourd ou déployé!

Hivers, Printemps, Étés, Automnes,
Jours monotones;
Souvenirs toujours rajeunis;
Mêmes rêves à tire d'ailes,
Loin de leurs nids
Poursuivis de douleurs fidèles!

De désirs fous vous m'emplissez;
Vous me versez
La soif ardente des mirages,
Reflets d'un monde harmonieux!
Et vos images
Se confondent devant mes yeux :

Rhythme lent des robes flottantes,
Forêts chantantes,
Houles des mers, lointaines voix,
Airs obsédants des symphonies,
Jours d'autrefois,
O vous, extases infinies!

IMPÉRIA.

A mon ami A. Maingard.

Sur le divan, pareille à la noire panthère
Qui se caresse aux feux du soleil tropical,
De son fauve regard enveloppant le bal,
Elle emplit de parfums le boudoir solitaire.
Elle rêve affaissée au milieu des coussins;
Et sa narine s'enfle, et se gonflent ses seins
Au rhythme langoureux de la valse lointaine
Les rires étouffés, les longs chuchottements

Qui voltigent sans cesse à l'entour des amants,

Relèvent le dédain de sa lèvre hautaine.

Tranquille, dans la nuit où se plonge son cœur,

Sphinx cruel, elle attend son Œdipe vainqueur.

Elle hait les aveux et les paroles vaines,

Les serments, les propos sans fin, les mots d'amour.

Reine muette, elle a pour ces flatteurs d'un jour

Le mépris sans pitié des grandeurs souveraines.

Dardant ses larges yeux sous son front olympien,

D'un regard elle veut qu'on devine le sien.

Car elle saura lire au fond de ce silence

Chargé des mêmes mots qui dorment dans ses yeux,

Et mêlera sa flamme aux feux mystérieux

Qui sauront pénétrer sa sinistre indolence.

Sans répondre, elle écoute aux aguets, sous son fard,

Des vulgaires don Juans tourner l'essaim bavard.

Dans les plis fastueux du velours elle ondule ;

Et, de son pied lascif agaçant le désir,

Mêle avec le refus ou l'offre du plaisir

La rougeur de la honte au sourire crédule.

Aux profondes senteurs qui baignent tout son corps,

Elle enivre les fronts asservis sans efforts ;

Et de ses noirs cheveux, de sa gorge animée,

De ses jupons parfois savamment soulevés,

Sortent les espoirs fous, les tourments ravivés

De l'alcôve entrevue et brusquement fermée.

Telle, exerçant sa force, aux cœurs des imprudents

Elle aiguise à ces jeux ses ongles et ses dents.

Mais, quand elle aura vu dans un œil fixe et sombre,

Se réfléchir l'ardeur de son rêve muet,

Et dans ce long regard tressaillir le reflet

D'une âme tout entière émergeant vers son ombre ;

Longtemps de ses grands yeux l'effluve ira vers lui ;

Puis, quand l'éclair dernier entre eux aura relui,

Sans dire un mot, gardant le secret de sa joie,

Se repaissant déjà de sa férocité,

Souple, la fascinant de sa tranquillité,

Calme, à pas lents, alors elle ira vers sa proie.

CE SOIR.

Comme à travers un triple et magique bandeau,
— O nuit! ô solitude! ô silence! — mon âme
A travers vous, ce soir, près du foyer sans flamme,
Regarde par delà les portes du tombeau.

Ce soir, plein de l'horreur d'un vaincu qu'on assaille,
Je sens les morts chéris surgir autour de moi.
Leurs yeux, comme pour lire au fond de mon effroi,
Luisent distinctement dans l'ombre qui tressaille.

Derrière moi, ce soir, quelqu'un est là, tout près.
Je sais qu'il me regarde, et je sens qu'il me frôle.
Quelle angoisse ! Il est là, derrière mon épaule.
Si je me retournais, à coup sûr je mourrais !

Du fond d'une autre vie, une voix très-lointaine
Ce soir a dit mon nom, ô terreur ! Et ce bruit
Que j'écoute — ô silence! ô solitude! ô nuit! —
Semble être né jadis, avec la race humaine !

OBSESSION.

Beaux yeux, charmeurs savants, flambeau de notre vie,
Parfum, grâce, front pur, bouche toujours ravie,
O vous, tout ce qu'on aime ! O vous, tout ce qui part !
Non, de vous rien ne meurt pour l'âme inassouvie
Quand vous laissez la nuit refermer son rempart
Sur l'idéal perdu qui va luire autre part.

Beaux yeux, charmeurs savants, clairs flambeaux! dans nos
A jamais nous brûlant du mal des larmes vaines,   [veines,
Vous versez lentement tous vos philtres amers.
Nous puisons aux clartés des prunelles sereines,
Comme au bleu des beaux soirs, comme à l'azur des mers,
Le vertige du vide et des gouffres pervers.

Parfum, grâce, front blanc, rire! en nous tout se grave,
Plus enivrant, plus pur, plus doux et plus suave.
Du fond noir du passé le désir éternel
Les évoque; et sur nous, comme autour d'une épave
Les monstres de la mer et les oiseaux du ciel,
S'acharne et se repaît le souvenir cruel.

Tout ce qu'on aime et qui s'enfuit! mensonges, rêves,
Tout cela vit, palpite, et nous ronge sans trêves.
Vous creusez dans nos cœurs, extases d'autrefois,
D'incurables remords hurlant comme les grèves.
Dites, dans quel Léthé peut-on boire une fois
L'oubli, l'immense oubli? répondez cieux et bois!

Non, tout n'est pas fini pour l'âme insatiable ;
Mais dans quel paradis, dans quel monde ineffable,
La chimère jamais dira-t-elle à son tour :
« C'est moi que tu poursuis, et c'est moi l'impalpable ;
« Regarde ! j'ai le rhythme et le divin contour ;
« C'est moi qui suis le beau, c'est moi qui suis l'amour ! »

Quand vous laissez la nuit se refermer plus noire
En nos cœurs, quel démon au fond de la mémoire
Rallume les flambeaux et, joyeux tourmenteur,
Des jours ressuscités recompose l'histoire ?
Quand nous verserez-vous le repos contempteur,
Astres toujours riants du ciel toujours menteur ?

Cet idéal perdu que le hasard promène,
Un jour, là-haut, bien loin de la douleur humaine,
L'étreindrons-nous enfin de nos bras, dans la paix
Du bonheur, dans l'oubli du doute et de la haine ?
Ou, comme ici, fuyant dans le brouillard épais,
Nous crîra-t-il encor : Plus loin ! plus tard ! jamais !

Oui, nous brûlant toujours d'une flamme inféconde,
Rire enivrant, front pur, grâce, senteur profonde,
Tout cela vit, palpite et nous ronge de pleurs.
Mais dans quelle oasis, sous quels cieux, dans quel monde,
Au fond de la mémoire éclorez-vous, ô fleurs
Du rêve où meurt l'écho lointain de nos douleurs !

LA RÉVÉLATION DE JUBAL.

A mon ami Émile Bellier.

I

Hommes des jours tardifs, en germe dans le temps!
Sous l'amoncellement des siècles, dont l'écume
Aussi vous rongera sur le bord de la brume
Où sombrent tour à tour les peuples haletants,
O vous, qui trouverez ceci; races futures,
Hommes des jours derniers, mais voués aux tortures
Premières; ô mes fils! ô martyrs comme nous
Du mal de vivre, accru par l'amas des années!

Vous qui, lassés aussi de ployer les genoux,
Traînerez vers l'enfer vos lentes destinées,
Mais non plus le front ceint de notre jeune orgueil !
Quand ce long avenir qui tourne dans mon œil
Sera pour vous noyé dans le confus mirage
Du passé souriant, fils d'Adam, fils du Mal,
Écoutez ! — car voici, dans le premier naufrage
Du monde, ce que seul j'aurai su, moi, Jubal !

II

Moi, Jubal, le dernier de ceux qui par les villes,
Fiers et tristes, en proie aux rires envieux,
Sur la harpe chantaient la gloire des aïeux ;
Qui par-dessus les cris des multitudes viles,
Comme un fleuve sonore épanchant leur mépris,
Se renvoyaient l'écho des hymnes désappris.
Moi, maudit comme eux tous par la foule en ce monde,
Et pour avoir vécu, dans l'autre aussi maudit,

Comme vous, héritiers d'une race féconde,
Sortis du vaisseau lâche à nous tous interdit.
Moi, le dernier chanteur, moi, le dernier prophète
Des premiers temps, qui vais mourir là, sur le faîte
De l'Ararat, seul pic oublié par les eaux;
A vous, hommes des jours qui sont encore en rêve,
Par delà le néant où vont pourrir mes os,
Je parle; écoutez-moi, race d'Adam et d'Ève!

III

Race d'Adam et d'Ève! ici, sur ce roc noir,
J'ai vu le dernier flot, la dernière rafale,
Poussant alors vers Dieu leur clameur triomphale,
Rouler mort dans le fond d'un avide entonnoir
Le dernier des mortels condamnés au déluge.
Mais je ne cherchais pas sur ce roc un refuge
Contre l'irrévocable arrêt du Créateur;
Non, je n'étais monté si haut, je le proclame,

Que pour mieux admirer, tranquille spectateur,

La fureur monstrueuse et sans fin de la lame,

Vers les gloires de l'homme et l'orgueil des cités,

Sans trêve déferlant sur leurs iniquités.

Tout embrasser, tout voir, telle était mon envie,

Avant d'être à jamais comme eux tous englouti.

Dans toutes ses douleurs j'avais sondé la vie ;

Mon œil sous le dégoût s'était appesanti.

IV

Mon œil appesanti promenait sur la terre

Le terne désespoir du cercle parcouru.

Les hôtes de mon cœur avaient tous disparu,

Desséchés en naissant sous le vent délétère

Qui corrodait partout le globe fatigué.

Sur ses hideux autels le Mal n'était plus gai ;

Et l'orgueil restait seul de mourir sans prière.

Donc, sitôt que le ciel, le jour étant venu,

Comme un œil refermant son immense paupière,

Se voila tout à coup d'un nuage inconnu;

Sitôt que Celui-là qui nous créa sans pactes,

Entr'ouvrit sur nos fronts ses sombres cataractes,

Comprenant qu'il voulait noyer tout l'univers,

Je montai devant l'eau sur ce rocher sublime,

Et victime en extase, et jusqu'au bout pervers,

Je regardai sombrer le monde dans l'abîme.

V

Dans l'abîme à la fin, pêle mêle, et bien mort,

Gisait l'amas impur des races primitives.

Le flot démesuré des vengeances hâtives

Se taisait, n'ayant plus de rive ni de bord.

Je ne voyais plus rien de mon haut promontoire,

Rien que la vaste mer et sa funèbre gloire,

Où les éclairs muets aussitôt s'éteignaient.

Je n'apercevais plus ni villes écroulées,

Ni temples de porphyre et de marbre, où régnaient
Les idoles, au fond du néant refoulées.
Les géants sur les monts, se répondant entre eux,
Debout, ne dressaient plus au loin leurs fronts affreux.
Aux lueurs de la foudre, effrayants, dans les nues
Ils ne souffletaient plus l'orage avec leurs bras;
Aucun rugissement dans leurs poitrines nues
Ne grondait. Ils flottaient immobiles, là-bas.

VI

Immobiles, là-bas, dans les varechs énormes,
Avec les éléphants pareils à des îlots,
Avec les monstrueux reptiles, sur les flots,
Roides, ils surnageaient, confondus et difformes.
Et les fils de la femme, innombrables, jadis
A l'image de Dieu rêvés au paradis,
Au milieu de l'écume et des débris du monde,
Entrechoquant sans bruit tous leurs cadavres mous,

De tous les vils rebuts étaient le plus immonde.

Ils tournoyaient avec de furieux remous,

Ces rois, ces peuples fiers, maintenant formes vaines,

Et le prodigieux gonflement de leurs veines

Était terrible à voir aux clartés de l'éclair.

Mais nul cri n'en sortait, nul sanglot, nul blasphème.

Soudain, le vent se tut; sur l'océan, dans l'air,

Un lugubre silence emplit l'espace blême.

VII

L'espace blême alors pris d'immobilité,

Rayonnant vers mon cœur comme vers une cible,

L'étreignit tout entier d'une horreur indicible.

Oh! qu'étaient le fracas et la férocité

Des vagues harcelant les villes séculaires?

Qu'étaient les hurlements des vents, et les colères

De la foudre à travers le grand ciel sans remords,

Devant l'épouvantable effroi de ce silence

Où montait l'écœurante exhalaison des morts?
L'angoisse dans mon sein entra comme une lance,
De ne sentir ici de vivant que moi seul
Sous cet universel et rigide linceul.
Et des quarante jours l'ensemble insupportable
Vers moi remonta comme un vertige odieux.
Le ciel de plomb, mon âme et la mer lamentable
Tournèrent sur ma tête, et je fermai les yeux.

VIII

Fermant les yeux, j'allais au fond de l'eau livide
M'élancer, réclamant la mort qui m'oubliait,
Quand j'entendis en haut une voix qui criait :
« Jusqu'au plafond du ciel la mer remplit le vide ;
Ce qui fut l'homme est à jamais enseveli ;
Et maintenant, Seigneur, ton ordre est accompli! »
Et je vis un grand trou d'azur, large prunelle
Ouverte sur la nuit où la voix se perdait ;

Et par cette embrasure où s'appuyait son aile,

Un ange qui passait la tête et regardait;

Et sa main sur les eaux étendit une palme.

Alors, au même instant, vers cet ange à l'œil calme,

Passa sur moi, rayant l'air de son sifflement,

Un triple éclat de rire, effroyable dans l'ombre,

Plein d'envie et de joie, et tel, qu'horriblement

S'ouvrirent les yeux blancs de tous les morts sans nombre.

IX

Sans nombre tous les morts, sur la mer accoudés,

Les cheveux hérissés de terreur, écoutèrent.

Les rideaux de la nuit près de moi s'écartèrent,

Et je vis, le front pâle et les yeux corrodés

Par l'incurable angoisse et l'éternelle haine,

Un être qui dressait sa taille surhumaine.

Debout, sur le sommet du monde, au plus profond

De l'espace, il plongea son regard dur et rouge;

Et, sinistre, il cria sous le ciel bas et rond :

« Ah! tout est donc fini, mon maitre! et rien ne bouge!

Et rien ne revivra, puisque Dieu se repent!

Le conseil était bon de l'antique serpent,

Et je triomphe enfin! Sur le silence morne

De ta création, et sur sa vanité,

Je redresse à la fin, dans ma haine sans borne,

De l'orgueil foudroyé l'immortelle fierté.

X

« Ma fierté se redresse et ma honte est vengée,

Puisqu'il s'est abîmé ton rêve de six jours;

Avec ses dieux, avec ses villes, ses amours,

Puisque la race humaine est maintenant plongée

Sous ta propre colère, et sans voix, et sans cris,

Moi debout, je regarde, et, consolé, je ris.

Tu te repens, et moi je ris! et la nuit noire

Où je rentre, entraînant ce monde d'un moment,

Retentira toujours vers ton ciel dérisoire
Au formidable éclat de mon ricanement! »
— L'ange calme vers lui leva son œil candide.
L'impossible pitié ternit son front splendide;
Mais au loin, de son doigt d'où jaillit un rayon,
Lui montrant un point noir comme une tour en marche
« Regarde! lui dit-il. Là-bas, à l'horizon,
L'avenir reconquis flotte entier dans cette arche! »

XI

— Vers cette arche Satan rugit. Et dans sa voix
Toute une éternité de haine terrassée,
De désespoir brûlé par la bave amassée,
S'exhala de son sein prophétique, à la fois.
« Puisque tu te repens aussi de ta colère,
Et qu'un monde nouveau, sous le ciel qui s'éclaire,
Surnage, en germe encor, sur le flot épanché;
Puisque tu te repens, destructeur de ton œuvre,

Sur ton œuvre déjà créateur repenché,
Et qu'un monde nouveau, promis à la couleuvre
Du mal indestructible, est dans ce noir berceau !
Puisque tout va renaître et va porter le sceau
Du vieil Adam flétri par la première tache ;
C'est bien ! je recommence encor la lutte aussi,
Et ma haine renaît et sur tout se rattache,
Puisque tout va revivre et blasphémer ici.

XII

« Ici tout va revivre et blasphémer encore !
Moi, l'esprit renaissant du mal inassouvi,
Moi, qui ne puis aimer, hélas ! je suis ravi,
Maître, par l'avenir de la nouvelle aurore.
Encor bien mieux vengé, je rentre dans l'enfer !
Le mal inassouvi, par la flamme et le fer,
Par l'envie et la haine, et par l'amour qui brûle,
Demain, dans les anciens péchés replongera

Les peuples qui naîtront de cet œuf ridicule,
Un air maudit toujours sur eux tous pèsera.
Pour le vice et le meurtre ils vivront; et toi-même
Tu feras de nouveau flamboyer l'anathème
Sur l'importun écho de leurs corruptions.
C'est une impureté, mon maître, qu'un nom d'homme!
Et le nouvel arrêt des malédictions.
S'allumera bientôt sur Gomorrhe et Sodome.

XIII

« Sur Gomorrhe et Sodome en flamme, après Babel,
J'entends déjà gronder la vengeance céleste;
Et le feu, la folie, et la guerre, et la peste,
Attesteront partout le souvenir d'Abel
Toujours jeune et toujours puni par Dieu qui passe.
Le sol va reverdir et parfumer l'espace
De ses vertes senteurs comme au premier matin;
Le sol va refleurir sous tes rayons splendides,

6

O soleil! mais aussi, sous l'œil noir du destin,
L'homme et son cœur, rongés de passions sordides,
Par-dessus le sommet de l'Ararat vermeil
Exhaleront l'odeur des fumiers, ô Soleil!
Et tous les fils d'Abram, pullulant dans le crime,
Se ruant à travers chaque âge tout sanglant,
Vers mon royaume avide, à jamais dans l'abîme
Engloutis, vomiront leurs âmes en hurlant.

XIV

« Les hommes en hurlant, dans la nuit déjà pleine,
Sauf quelques-uns, ô père irrité, tournoîront.
De jour en jour, de siècle en siècle, ils tomberont
Par milliers, pêle-mêle, au fond de la géhenne.
Alors, las à la fin de lever nuit et jour
Sur eux et sur leurs dieux adorés tour à tour,
Épouvantail vieilli, l'effroi nu de ton glaive,
Tu voudras essayer, dans un homme incarné,

De révéler toi-même au vieux monde ton rêve.

Mais, sur ton fils divin encor plus acharné,

Ton peuple raillera l'arbre saint du Calvaire;

Et le doux rédempteur, pleurant sa larme amère,

Mourra désespéré sur sa croix, n'ayant fait

Que rendre désormais les hommes plus coupables.

Le mal vivra toujours sur la terre en effet,

Et partout aiguisant ses griffes innombrables.

XV

« Innombrables, partout, dans les chairs, dans les cœurs,

Par mille trous nouveaux il entrera ses griffes;

Et les peuples encor, riant de leurs pontifes,

Se traîneront hideux, sans espoirs, sans terreurs,

Et plus courbés cent fois sous le poids de leurs âmes.

Pour en finir avec les hommes et les femmes,

Dont le gémissement s'allonge sous tes lois,

Peut-être un jour, après des millions d'années,

Tu diras : «Que la nuit se fasse ! » Et cette fois,

Dans la flamme ou dans l'eau, pour jamais condamnées,

Les générations périront sans appel.

Mais le chemin, ô Maître ! est ardu de ton ciel.

Peu d'âmes près de toi siégeront sous leurs nimbes,

Tandis qu'ils seront pleins, mes États, par la mort.

Et l'éternel sanglot des enfers et des limbes,

Montant vers toi, sera ton éternel remord ! »

XVI

— Son éternel remords ! A ce terrible augure

L'ange a-t-il répondu ? Je ne sais. Dans la nuit

Un coup d'aile fouetta l'espace avec grand bruit,

Et dans les flots le vent de l'immense envergure

Me lança. Pour mourir j'y fis de vains efforts.

La mer ici cent fois a rejeté mon corps ;

Toujours mon glaive aussi contre mon sein s'arrête.

Épouvanté, depuis bien des soleils j'attends,

Sur ce pic hors de l'eau dressant sa sombre arête.

Pour vous, hommes des jours qui sortiront du temps,

O frères inconnus des époques futures,

Moi, Jubal, qui savais les sciences obscures,

J'ai gravé ces mots-là dans l'horreur entendus,

Sur les seize parois dont ce pic se hérisse.

Un jour, si leurs secrets ne sont alors perdus,

Si jamais l'un de vous les trouve, qu'il frémisse !

LES FILAOS.

A Théodore de Banville.

Là-bas, au flanc d'un mont couronné par la brume,
Entre deux noirs ravins roulant leurs frais échos,
Sous l'ondulation de l'air chaud qui s'allume,
Monte un bois toujours vert de sombres filaos.
Pareil au bruit lointain de la mer sur les sables,
Là-bas, dressant d'un jet ses troncs roides et roux,
Cette étrange forêt aux douleurs ineffables,
Pousse un gémissement lugubre, immense et doux.

Là-bas, bien loin d'ici, dans l'épaisseur de l'ombre,
D'un frisson nonchalant pris sans trêve, à jamais,
Ces filaos songeurs, croisant leurs nefs sans nombre,
Hérissent vers le ciel leurs flexibles sommets.

Le vent frémit sans cesse à travers leurs branchages,
Et prolonge, en glissant sur leurs cheveux froissés,
Pareil au bruit lointain de la mer sur les plages,
Un chant grave et houleux dans les taillis bercés.

Des profondeurs du bois, et rampant de la plaine,
Du matin jusqu'au soir, sans relâche, on entend
Dans la ramure frêle une sonore haleine,
Qui naît, monte, s'emplit, se déroule, et s'étend,

Sourde ou retentissante, et d'arcade en arcade
Se perd vers les confins noyés de brouillards froids,
Comme le bruit lointain de la mer dans la rade
S'allongeant sous les nuits pleines de longs effrois.

Et par delà les troncs tendant leurs grêles branches,
Au revers de la gorge où pendent les mouflias,
L'on aperçoit au loin, semés de taches blanches,
Sous les nappes de feu qui pétillent en bas,

Les champs jaunes et verts descendant aux rivages,
Puis l'océan qui brille et monte vers le ciel.

Nulle rumeur humaine à ces hauteurs sauvages
N'arrive. Et ce soupir, ce murmure éternel,
Pareil au bruit lointain de la mer sur les côtes,
Épand seul le respect et l'horreur à la fois
Dans l'air religieux des solitudes hautes.
C'est ton âme qui souffre, ô forêt! C'est ta voix
Qui gémit tristement dans ces mornes savanes.
Et dans l'effarement de ton propre secret,
Exhalant ton arome aux éthers diaphanes,
Sur l'homme, ou sur l'enfant vierge encor de regret,
Sur tous ses vils soucis, sur ses gaietés naïves,
Tu fais chanter ton rêve, ô bois! Et sur son front,
Pareil au bruit lointain de la mer sur les rives,
Roule ton froissement solennel et profond.
Bien des jours sont passés, et perdus dans l'abîme
Où tombent tour à tour joie, espoir, et sanglot;
Bien des foyers éteints qu'aucun vent ne ranime,
Gisent ensevelis dans nos cœurs, sous le flot
Sans pitié ni reflux de la cendre fatale;
Depuis qu'au vol joyeux de mes songes j'errais,
O bois éolien! sous ta voûte natale,
Seul, écoutant, au fond de tes sombres retraits,

Pareille au bruit lointain de la mer sur les grèves,
Ta respiration onduleuse et sans fin.
Dans le sévère ennui de nos vanités brèves,
Fatidiques chanteurs au douloureux destin,
Vous épanchiez sur moi votre austère pensée;
Et tu versais en moi, fils craintif et pieux,
Ta grande âme, ô nature! éternelle offensée!
Là-bas, bien loin d'ici, dans l'azur, près des cieux,
Vous bruissez toujours au penchant des ravines;
Et par delà les mers, du fond des jours passés,
Vous m'emplissez encor de vos plaintes divines,
Filaos chevelus, d'un souffle lent bercés!
Et plus haut que les cris des villes périssables,
J'entends votre soupir immense et continu,
Pareil au bruit lointain de la mer sur les sables,
Qui passe sur ma tête et meurt dans l'inconnu!

LA NUIT DE JUIN.

A J. M. de Heredia.

La nuit glisse à pas lents sous les feuillages lourds;
Sur les nappes d'eau morte aux reflets métalliques
Ce soir traîne là-bas sa robe de velours;
Et du riche encensoir des fleurs mélancoliques,
Vers les massifs baignés d'une fine vapeur,
Montent de chauds parfums dans l'air pris de torpeur.

Avec l'obsession rhythmique de la houle,

Tout chargés de vertige, ils passent, emportés

Dans le morne soupir qui les berce et les roule.

Les gazons bleus sont pleins de féeriques clartés;

Sur la forêt au loin pèse un sommeil étrange;

Chaque rameau s'incline et pend comme une frange;

Et l'on n'entend monter au ciel clair aucun bruit.

Mais une âme dans l'air flotte sur toutes choses,

Et, cédant au désir sans fin qui la poursuit,

D'elle-même s'essaye à ses métempsycoses.

Elle palpite et tremble, et comme un papillon,

A chaque instant, l'on voit passer dans un rayon

Une forme inconnue et faite de lumière,

Qui luit, s'évanouit, revient et disparaît.

Des appels étouffés traversent la clairière

Et meurent longuement comme expire un regret.

Une langueur morbide étreint partout les sèves;

Tout repose immobile, et s'endort; mais les rêves,

Qui dans l'illusion tournent désespérés,

Voltigent par essaims sur les corps léthargiques

Et s'en vont bourdonnant par les bois, par les prés,

Et rayant l'air du bout de leurs ailes magiques.

— Droite, grande, le front hautain et rayonnant,
Majestueuse ainsi qu'une reine, traînant
Le somptueux manteau de ses cheveux sur l'herbe,
Sous les arbres, là-bas, une femme à pas lents
Glisse. Rigidement, comme une sombre gerbe,
Sa robe en plis serrés tombe autour de ses flancs.
Elle glisse, étendant la main sur les feuillages,
Et, tranquille, poursuit, sans valets et sans pages,
Son chemin tout jonché de fleurs et de parfums.
Comme sort du satin une épaule charnue,
La lune à l'horizon, hors des nuages bruns,
Languissamment se lève et monte large et nue.
Sa lueur filtre et joue à travers le treillis
Des feuilles ; et, par jets arrosant les taillis,
Caresse, en la sculptant dans sa beauté splendide,
Cette femme aux yeux noirs qui se tourne vers moi.
Enveloppée alors d'une auréole humide,
Elle approche à pas lents ; et, plein d'un vague effroi,
Je sens dans ces grands yeux, dans ces gouffres sans flamme,
Avec de sourds sanglots sombrer toute mon âme.
Doucement sur mon cœur elle pose la main.
Son immobilité me fascine et m'obsède,

7

Et roidit tous mes nerfs d'un effort surhumain.
Moi qui ne sais rien d'elle, elle qui me possède,
Tous deux nous restons là, spectres silencieux,
Et nous nous contemplons fixement dans les yeux.

DOLOROSA MATER.

Quand le rêveur en proie aux douleurs qu'il active,
  Pour fuir l'homme et la vie, et lui-même à la fois,
Rafraîchissant son âme au chant des cours d'eau vive,
S'en va par les prés verts, par les monts, par les bois;

Refoulant dans son cœur la pensée ulcérée,
Un suprême désir de néant et de paix,
Profond comme la nuit, lent comme la marée,
En lui monte, et l'étreint de ses réseaux épais.

Il aspire d'un trait l'air de la solitude;
Il se couche dans l'herbe ainsi qu'en un cercueil,
Et lève ses regards chargés de lassitude
Vers le ciel, où s'éteint l'éclair de son orgueil.

Il promène ses yeux lentement par l'espace,
Errant des pics aigus aux cimes des forêts;
Suit l'oiseau, dont le vol tranquille les dépasse,
Et s'écrie, exhalant le flot de ses regrets :

— « O silence éternel! ô force aveugle et sourde!
Rocs noirs, prêtres géants de l'immobilité!
Bois sombres dont s'allonge au loin la masse lourde
Geôliers qu'implore en vain la vieille humanité!

« C'est un ferment fatal que le sang de nos veines!
Le cœur trop ardemment dans la poitrine bat.
Haines, amours, désirs, rêves, passions vaines,
Tout meurtris de la lutte et lassés du combat!

« Tout ce qui fait, hélas! la vie et son supplice,
Nature, absorbe-le dans ton sommeil divin !
Que ta sérénité souveraine m'emplisse!
Abîme-moi, Nature insensible, en ton sein ! »

— Ainsi, laissant couler sa dernière amertume,
Il gît, les bras en croix, dans l'herbe enseveli,
Comme un blessé perdant tout son sang s'accoutume
A la mort qui déjà le roule dans l'oubli.

Telle qu'un fol essaim d'invisibles phalènes,
Son âme en voltigeant s'éparpille dans l'air,
Plane sur les coteaux, et descend dans les plaines,
Plonge dans l'ombre et glisse avec le rayon clair.

Elle est rocher, forêt, torrent, fleur et nuage,
Tout à la fois vapeur, parfum, bruit, mouvement,
Frémissement confus, bloc muet et sauvage;
Elle est fondue en toi, Cybèle, entièrement.

Mais partout elle voit la vie universelle
Affluer, tressaillir sous la forme ; elle entend
Sous l'ombre ou sous la flamme auguste qui ruisselle,
Le soupir éternel du globe palpitant.

Un arome puissant dans les foins verts circule ;
Son corps nage au milieu d'une molle clarté.
Dans la brume embaumée et dans le crépuscule,
Vers l'astre qui l'attire il se sent emporté.

La nuit vient, allumant les sphères innombrables.
Il sent rouler la terre, et vers le sourd destin
Il l'entend, par-dessus nos clameurs misérables.
Elle-même pousser un hurlement sans fin,

Qui s'élève, grandit, et monte, et tourbillonne,
Fait de chants, de sanglots, et d'appels incertains,
Et dans l'abîme où l'œil des vieux soleils rayonne,
Se mêle aux grandes voix des univers lointains.

Ces mondes suspendus de tout temps dans le vide,
Il les voit tournoyer, il les entend gémir ;
Il vit de leur pensée, et sur son front livide,
Sent le mortel frisson de l'infini courir.

Il se lève, enivré d'un vertige effroyable
Sous cette angoisse immense, et sous la vision
De la vie infligée, ardente, impitoyable,
A l'amas effaré des corps en fusion.

— Fausse silencieuse ! O nature ! — ô vivante !
Malheur à qui surprend ta grande âme ; éperdu,
Vers la ville il rapporte et garde l'épouvante
Du soupir formidable en ton sein entendu !

LE GOUFFRE.

Il est des gouffres noirs dont les bords sont charmants.
La liane à l'entour qui tapisse la lande
Se suspend aux parois et s'enroule en guirlande.
Tout couronné de fleurs aux mille chatoîments,
Je sais un gouffre noir sur la verte colline.
Des arbres odorants l'ombragent en entier,
Et l'on y vient joyeux par un riant sentier.
Parfois un souffle frais, rasant le sol, incline

Le feuillage agité d'un rapide frisson,

Et sous un vol léger de confuses paroles

Penchant les cloches d'or et les blanches corolles,

Verse à l'abîme, ainsi qu'un fidèle échanson,

Avec l'âme des fleurs, les gouttes de rosée.

Dans ce sinistre puits, ô larmes! ô parfums!

Comme des espoirs morts ou des rêves défunts,

Pour qui donc tombez-vous? De quelle urne brisée?

De quel fleuve divin grossissez-vous le cours?

Qui vous recueillera pour la source sacrée,

Vous éternel soupir, larme toujours pleurée?

Un matin, — qu'ils sont loin de moi ces temps trop courts!

Un matin, j'admirais, l'âme neuve et ravie,

Tout cet enchantement de verdure et de fleurs

S'enroulant sur le vide et mêlant leurs couleurs.

Je m'enivrais de joie et d'arome, et de vie.

Loin des bruits de la plaine et loin de tout regard,

Je laissais ma pensée indolente et distraite,

Sur les recoins ombreux de la fraîche retraite,

Avec les papillons voltiger au hasard.

Et le soleil, filtrant des arbres pacifiques,

Criblait de diamants ces fleurs sur ce fond noir;

Si bien, que l'on eût dit de ce large entonnoir
Un pan du firmament dans les nuits magnifiques.
Et pour sonder le fond du soupirail béant,
Pour réveiller l'écho de ses cavités sourdes,
J'y fis tomber cailloux, pierres et roches lourdes ;
Mais j'écoutais en vain. Comme dans le néant,
Tout s'abîmait. Nul bruit ne monta des ténèbres.
Un horrible frisson de pâleur et de froid
M'envahit tout à coup. Et je m'enfuis tout droit,
Souffleté par le vent des mystères funèbres.

L'ORGUEIL.

.

Monts superbes, dressez vos pics inaccessibles
Sur le cirque brumeux où plongent vos flancs verts !
Rocs noirs, dans le regret des élans impossibles,
Durcissez-vous au fond des volcans entr'ouverts !

— Hérisse, amer orgueil, ta muraille rigide
Sur le cœur par les yeux de la femme ulcéré !
Désirs inassouvis, sous cette fière égide,
Mornes, endormez-vous dans le néant sacré !

8

— L'antique orage habite, ô monts ! dans vos abîmes,
Et prolonge sans fin sous les cèdres vibrants
Les sonores échos de ses éclats sublimes,
Et des troncs fracassés qu'emportent les torrents.

—Orgueil, derrière toi l'amour est là, qui gronde
Toujours, et fait hurler l'ombre des rêves morts
Aux lugubres appels de l'angoisse inféconde,
Et des vieux désespoirs sombrant dans les remords.

— Sur les ébranlements, les éclairs, les écumes,
Pics songeurs, vous gardez votre sérénité.
Du côté de la plaine, ô monts! vierges de brumes,
Vos sommets radieux nagent dans la clarté.

—Sur les déchirements, les sanglots, les rancunes,
Fermez, orgueil, fierté, votre ceinture d'or.
Du côté de la vie aux rumeurs importunes
Reluisez au soleil, et souriez encor !

SOIR D'OCTOBRE.

A Catulle Mendès.

Un long frisson descend des coteaux aux vallées.
Des coteaux et des bois, dans la plaine et les champs,
Le frisson de la nuit passe vers les allées.
— Oh! l'angelus du soir dans les soleils couchants!
Sous une haleine froide au loin meurent les chants,
Les rires et les chants dans les brumes épaisses.
Dans la brume qui monte ondule un souffle lent;
Un souffle lent répand ses dernières caresses,

Sa caresse attristée au fond du bois tremblant ;

Les bois tremblent ; la feuille en flocon sec tournoie,

Tournoie et tombe au bord des sentiers désertés.

Sur la route déserte un brouillard qui la noie,

Un brouillard jaune étend ses blafardes clartés ;

Vers l'occident blafard traîne une rose trace,

Et les bleus horizons roulent comme des flots,

Roulent comme une mer dont le flot nous embrasse,

Nous enlace, et remplit la gorge de sanglots.

Plein du pressentiment des saisons pluviales,

Le premier vent d'octobre épanche ses adieux,

Ses adieux frémissants sous les feuillages pâles,

Nostalgiques enfants des soleils radieux.

Les jours frileux et courts arrivent.—C'est l'automne.

—Comme elle vibre en nous la cloche qui bourdonne !

L'automne, avec la pluie et les neiges, demain

Versera les regrets et l'ennui monotone ;

Le monotone ennui de vivre est en chemin !

Plus de joyeux appels sous les voûtes ombreuses ;

Plus d'hymnes à l'aurore, et de voix dans le soir

Peuplant l'air embaumé de chansons amoureuses !

Voici l'automne !—Adieu, le splendide encensoir

Des prés en fleurs fumant dans le chaud crépuscule.

Dans l'or du crépuscule, adieu, les yeux baissés,

Les couples chuchotants dont le cœur bat et brûle,

Qui vont, la joue en feu, les bras entrelacés,

Les bras entrelacés quand le soleil décline.

— La cloche lentement tinte sur la colline.

Aieu, la ronde ardente, et les rires d'enfants,

Et les vierges, le long du sentier qui chemine,

Rêvant d'amour tout bas sous les cieux étouffants !

—Ame de l'homme, écoute en frissonnant comme elle

L'âme immense du monde autour de toi frémir !

Ensemble frémissez d'une douleur jumelle.

Vois les pâles reflets des bois qui vont jaunir ;

Savoure leur tristesse, et leurs senteurs dernières,

Les dernières senteurs de l'été disparu,

—Et le son de la cloche au milieu des chaumières !

L'été meurt ; son soupir glisse dans les lisières.

Sous le dôme éclairci des chênes a couru

Leur râle entrechoquant les ramures livides.

Elle est flétrie aussi ta riche floraison,

L'orgueil de ta jeunesse ! Et bien des nids sont vides,

Ame humaine, où chantaient dans ta jeune saison

Les désirs gazouillants de tes aurores brèves.
Ame crédule! Écoute en toi frémir encor,
Avec ces tintements douloureux et sans trêves,
Frémir depuis longtemps l'automne dans tes rêves,
Dans tes rêves tombés dès leur premier essor.
Tandis que l'homme va, le front bas, toi, son âme,
Écoute le passé qui gémit dans les bois.
Écoute, écoute en toi, sous leur cendre et sans flamme,
Tous tes chers souvenirs tressaillir à la fois,
Avec le glas mourant de la cloche lointaine!
Une autre maintenant lui répond à voix pleine.
Écoute à travers l'ombre, entends avec langueur
Ces cloches tristement qui sonnent dans la plaine,
Qui vibrent tristement, longuement dans le cœur!

JOURNÉE D'HIVER.

Nul rayon, ce matin, n'a pénétré la brume,
Et le lâche soleil est monté sans rien voir.
Aujourd'hui dans mes yeux nul désir ne s'allume;
Songe au présent, mon âme, et cesse de vouloir.

Le vieil astre s'éteint comme un bloc sur l'enclume,
Et rien n'a rejailli sur les rideaux du soir.
Je sombre tout entier dans ma propre amertume;
Songe au passé, mon âme, et vois comme il est noir!

Les anges de la nuit traînent leurs lourds suaires;
Ils ne suspendront pas leurs lampes au plafond;
Mon âme, songe à ceux qui sans pleurer s'en vont!

Songe aux échos muets des anciens sanctuaires.
Sépulcre aussi, rempli de cendres jusqu'aux bords,
Mon âme, songe à l'ombre, au sommeil, songe aux morts!

LE RÊVE DE LA MORT.

I

Un ange sur mon front déploya sa grande aile ;
Une ombre lentement descendit vers mes yeux ;
Et sur chaque paupière un doigt impérieux
Appesantit la nuit épaissie autour d'elle.

Un ange lentement déploya sa grande aile,
Et sous ses doigts de plomb s'enfoncèrent mes yeux.
Puis tout s'évanouit, douleur, efforts, mémoire;
Et je sentais flotter ma forme devant moi;
Et mes pensers vers elle, à travers l'ombre noire,
S'échappaient de mon corps pêle mêle, et sans loi.

II

Une forme flottait, qui semblait mon image.
L'ai-je suivie une heure ou cent ans? Je ne sais.
Mais j'ai gardé l'horreur des lieux où je passais.
La sueur de l'effroi coulait sur mon visage
Derrière cette forme où vivait mon image.
Pendant combien de jours et de nuits? Je ne sais.
Mais sous les cieux plus noirs que l'encre, ou pleins de flamme,
Pour toujours je sentais quelque chose en mon cœur
Voler vers ce contour luisant comme une lame,
Quelque chose de moi qui faisait ma vigueur.

III

Et voilà devant nous qu'une forêt géante
Balança tout à coup sous le ciel embrasé
Son sinistre manteau d'un sang tiède arrosé.
Comme un rouge flocon d'une neige brûlante,
Un âpre vent, du haut de la forêt géante
Jusqu'au sol par les feux du soleil embrasé,
Secouait chaque feuille à travers les ramures.
Et de mon front aussi chaque rêve tombait,
Et dans mon spectre, avec de très-lointains murmures,
Chaque rêve tombé de mon front s'absorbait.

IV

Sur ma tête hurlaient de lugubres rafales
Et le gémissement surhumain de ce bois

Semblait l'appel perdu de millions de voix.

C'était le long sanglot des morts, par intervalles,

Qui du fond des tombeaux passait dans ces rafales.

Un lac de sang luisait au milieu de ce bois,

Et coulait d'un soleil aux ondes écarlates.

Et mes anciens désirs ruisselaient au dehors ;

Vers mon fantôme clair, avec leurs tristes dates,

Mes désirs ruisselaient et désertaient mon corps.

V

Et ce lac grandit, tel qu'une mer sans rivage ;

Et ce globe penché sur l'horizon semblait

Un cœur énorme au loin dardant son vif reflet.

C'était le vaste cœur des peuples d'âge en âge,

Saignant sur cette mer étrange et sans rivage.

Et ce qui s'épanchait de cet astre semblait

Le sang, le propre sang de l'humanité morte;

Et nous voguions tous deux sur ce flot abhorré.

Mon image brillait plus distincte et plus forte,

Et j'y sentais nager mon esprit aspiré.

VI

Sous la nappe sans bord de cette pourpre horrible
Le soleil disparut tout à coup, et le ciel
A sa place creusa son azur solennel,
Par delà le regard, par delà l'invisible.
Et dans l'éther profond, sur cette pourpre horrible,
Des astres inconnus s'enfonçaient dans le ciel,
Toujours, toujours plus loin, au fond de l'insondable.
Chaque éclair de leurs yeux m'emplissait comme un son;
Et tous mes sens, vers l'être à mon reflet semblable,
Abandonnaient mon corps dans un dernier frisson.

VII

Comme un épais rideau fait d'un velours rigide,
Montait derrière moi l'ombre du dernier soir;

Le rouge de la mer se fondait dans le noir;
Maintenant rien de moi n'allait plus vers mon guide;
Et sur mon corps montait comme un manteau rigide
Une éternelle nuit après le dernier soir.
Et là, tout près de moi, ce double de moi-même,
Qui me regardait, plein d'un dédain envieux,
C'était, je le compris, prête à l'adieu suprême,
Mon âme à tout jamais libre sous les grands cieux.

VIII

Comme un glaive éclatant hors d'une antique gaîne,
Elle était là debout avec son regard clair,
Dont je sentais le froid pénétrer dans ma chair.
Elle était là visible, et désormais sans chaîne;
Telle qu'un glaive nu debout près de sa gaîne,
Elle m'enveloppait avec son regard clair.
Et tout me regardait, conscience, pensée,
Esprit, rêves, désirs, joie, espoirs et douleurs,
Qui reprenaient, du fond de l'angoisse passée,
Leurs formes, leurs parfums, leurs sons et leurs couleurs.

IX

Et voilà devant nous qu'une arche de lumière,
Jusqu'au ciel, par-dessus les étoiles, d'un jet,
De la nuit comme un pont gigantesque émergeait,
Un chemin dans l'éther fait d'astres en poussière.
Mon âme alors me dit : Cette arche de lumière
Qui traverse les cieux agrandis d'un seul jet,
Ici, du temps sortie, à l'éternité mène.
Chair inerte, matière, ô corps! vieux ennemis,
Je m'affranchis de vous geôliers de l'âme humaine ;
Retournez par la mort dans le néant promis!

X

— Reste! cria le corps, reste près de ton frère!
— Lâche et vil compagnon, je t'ai toujours haï.

—N'ai-je pas chaque jour à ton ordre obéi?

—Tu mens, et ton désir au mien était contraire.

— Reste, je me soumets, prends pitié de ton frère!

—Meurs! aussi tu me hais comme je t'ai haï.

—Reste! je t'aimerai, car la mort m'épouvante.

—Mes remords sont tes fils, seule il m'en faut souffrir.

— Moi, j'ai souffert aussi par toi, sœur décevante.

— L'oubli gît dans la tombe où tes os vont pourrir.

XI

—Qui me consolera dans la nuit où je sombre?

—En moi qui versera le repos et la paix?

—Oh! mourir; ne plus voir le clair soleil jamais!

—Oh! revivre, et jamais ne s'endormir dans l'ombre!

— Le froid horrible emplit cette nuit où je sombre!

— L'infini qui m'étreint ignore hélas! la paix!

—La mort rit et m'attend!—Un ange aussi m'appelle!

— Je maudis ton orgueil!— Et moi ta lâcheté!

— L'horreur du noir néant crispe ma chair mortelle!

— Et moi, pleine d'horreur j'entre en l'éternité!

XII

Un choc intérieur traversa tout mon être.
Tout disparut. Mon corps alors resta tout seul,
Et la nuit l'enlaça de son épais linceul;
Nuit, telle qu'un vivant n'en peut jamais connaître.
Un frémissement froid courut dans tout mon être,
Et dans le vide affreux je m'abîmai tout seul.
L'angoisse de la chute était l'idée unique,
Qui survivait encore au fond de mon cerveau;
Puis insensiblement la terreur tyrannique
S'évanouit, en moi laissant un sens nouveau.

XIII

La nuit filtrait en moi, fraîche comme un breuvage;
Mes pores la buvaient délicieusement;
Je roulais enivré dans un doux tournoîment;
Et toujours j'approchais du ténébreux rivage

9.

Où l'ombre dans les corps filtre comme un breuvage.
Le Léthé de la nuit délicieusement
M'emplissait d'un silence ineffable ; et la vie
Ne comprendra jamais le silence et la nuit,
Qui toujours plus sentis par ma chair asservie,
Montaient comme le jour, croissaient comme le bruit.

XIV

Et maintenant au bord de l'Érèbe immobile,
Sous l'œil démesuré d'un fixe et noir soleil,
Je reposais enfin dans l'éternel sommeil,
Fécondant de mon sang les veines de l'argile.
Toujours, toujours plus noirs, dans l'Érèbe immobile,
Tombaient les longs rayons d'un fixe et noir soleil ;
Et je comptais sans fin, ainsi que des secondes,
Les siècles un par un tombés des mornes cieux,
Les siècles morts tombés de l'amas des vieux mondes,
Tombés dans le néant noir et silencieux.

LA PRIÈRE D'ADAM.

A Antoni Deschamps.

Songe horrible ! — La foule innombrable des âmes
M'entourait. Immobile et muet, devant nous,
Beau comme un Dieu, mais triste et ployant les genoux,
Priait un spectre, loin des hommes et des femmes.

Et le rayonnement de sa mâle beauté,
Sa force, son orgueil, son remords, tout son être,
Forme du premier rêve où s'admira son maître,
Gardaient l'antique sceau de la virginité.

Tous écoutaient, penchés sur les espaces blêmes,
Monter du plus lointain de l'abîme des cieux
Le long gémissement des vivants vers les dieux,
Les rires fous, les cris de rage et les blasphèmes.

Et plus triste toujours, Adam, seul prosterné,
Priait. Et sous ses mains saignait son cœur encore,
Chaque fois qu'éclatait dans la brume sonore
Ce cri sans trêve : « Adam, un nouvel homme est né ! »

— « Seigneur ! murmurait-il, qu'il est long ce supplice !
Mes fils ont bien assez pullulé sous ta loi.
N'entendrai-je jamais la nuit crier vers moi :
« Le dernier homme est mort ! Et que tout s'accomplisse ! »

LE RENDEZ-VOUS

Bâti par des mains inconnues,
Un féerique palais longtemps
Ouvre au vent frais des avenues
Ses fenêtres à deux battants.

A chaque porte, en grand costume,
Sonnant du cor sur l'escalier,
Un page, suivant la coutume,
Vante le seuil hospitalier.

Le suzerain de ce domaine,
Dans les salles de son palais,
En riche apparat se promène,
Comptant son or et ses valets.

D'heure en heure, son œil avide
Interroge les horizons.
L'écheveau du temps se dévide;
Les jours passent, et les saisons.

Il attend toujours sés convives.
Malgré les vents, malgré les froids,
Il croit entendre leurs voix vives,
Et le galop des palefrois.

Sa table pour eux est dressée
Chaque jour, et versé son vin.
Il les fête dans sa pensée;
Et les pages sonnent en vain!

Mille brillantes cavalcades
Passent là-bas sur les chemins,
Comme fuyant les embuscades
D'un manoir aux durs lendemains.

Noble, il se fie à la noblesse
Des invités de haut renom.
Honteux du soupçon qui le blesse,
Aux pages las il répond : Non !

« — Non, redorez toutes mes salles !
Rallumez ce soir les flambeaux !
Allez dans mes plaines vassales ;
Apportez-moi des fruits plus beaux !

« Changez les fleurs sur ces balustres !
Resablez les routes du bois !
Ils viendront mes hôtes illustres !
C'est en leur honneur que je bois ! »

Et nul ne vient ; nul équipage
Ne piaffe aux portes du château.
Et sur son perron chaque page,
Épuisé, dort dans son manteau.

Tandis que le temps ronge et mine
Au dehors les murs recrépits,
Le palais toujours s'illumine,
Partout plein d'échos assoupis.

Un soir d'orage, les rafales,
Au bruit des volets rabattus,
Soufflent les torches triomphales,
Dans les mains des hérauts têtus.

Et voilà, dans la nuit sonore,
Des pas nombreux sur le parquet.
« Salut, dit l'hôte, à qui m'honore !
Et mon cœur vous revendiquait.

— Allons! comme nous tiens parole.
Lui répondent les arrivants ;
Mets à ton seuil ta banderole,
Malgré les nuits, malgré les vents.

« Nous venions tous en compagnie,
A nos chevaux livrant les mors.
Au souffle d'un mauvais génie,
Sur la route nous sommes morts.

«Châtelain, qu'on nous rassasie!
Mais de nous, surtout, n'attends pas
Discrétion ou courtoisie.
Il sera long notre repas!

« Maintenant, ennemis des jeûnes,
Nous portons des noms mal famés.
Nous étions beaux, joyeux et jeunes;
La mort nous a bien transformés.

« Nos noms étaient Joie, Espérance,
Amour, Gloire, Bonheur, Repos.
On lisait écrit : *Délivrance!*
En lettres d'or sur nos drapeaux.

« On nous nomme aujourd'hui Tristesse,
Solitude, Soucis, Douleur,
Doute, Remords. La sombre Altesse
Qui nous commande est le malheur.

« Morts, nous tenons notre promesse ;
Et pour tombe nous choisissons,
Défunts sans cercueil et sans messe,
Ton palais aux beaux échansons.

« Et ce n'est pas pour dormir, maître !
Mais pour veiller en t'outrageant.
Nous te sommons de nous remettre
Tes clefs sur un plateau d'argent.

« Nous avons tué sur tes portes
Tes sonneurs de cor endormis.
Voyons comment tu te comportes,
Châtelain, avec tes amis !

« Ah ! toi-même avec nous à table
Plutôt que de venir t'asseoir,
Écoute un conseil charitable :
Pour jamais, va-t'en dès ce soir ! »

L'hôte reprend : « O morts voraces !
Salle ou balcon, route ou sentier,
Bois et parcs, jardins et terrasses,
A vous mon palais tout entier !

« J'allumerai les lampadaires
Moi-même, et je vous servirai.
Tous mes écrins, noirs lapidaires,
Devant vous je les viderai.

« Morts, je connais votre doctrine!
Mais mon sang, puisqu'il vous en faut,
Ruissellera de ma poitrine
En rubis durs et sans défaut.

« Et vous hurlerez, morts ciniques,
Compagnons méchants, mais déchus,
Sur ces richesses ironiques
Crispant en vain vos doigts crochus. »

LE MANCENILLIER.

La jeunesse est un arbre aux larges frondaisons,
Mancenillier vivace aux fruits inaccessibles;
Notre âme et notre cœur sont les vibrantes cibles
De ces rameaux aigus d'où suintent les poisons.

O palmes, dont la séve est notre sang! feuillage,
Vert remords surplombant l'horreur des jours passés,
Ironiques remparts, sous le ciel vous croissez,
Car nos désirs vers vous sont dardés avec rage.

Nulle bouche n'a ri, nul oiseau n'a chanté,
Nulle fleur n'a relui dans ces lourdes ramures.
D'où viennent ces parfums, ces rires, ces murmures,
Vains reflets de ce qui n'a jamais existé?

Arbre vert du passé, mancenillier sonore,
Je plante avec effroi la hache dans ton flanc,
Bûcheron altéré d'azur, vengeur tremblant,
Qui crains de ne plus voir le ciel mentir encore!

LES YEUX DE NYSSIA.

Je suivis dans le bois l'enfant aux cils soyeux.
Non loin d'un petit lac dormant nous nous assîmes;
Tout se taisait dans l'herbe et sous les hautes cimes;
Nyssia regardait le lac silencieux,
    Moi, le fond de ses yeux.

— « Sources claires des bois! dit Nyssia; fontaines
Où le regard profond sous l'onde va plongeant!
Tranquillité du ciel sous la moire d'argent,
Où tremblent des roseaux les luisantes antennes,
    Et les branches lointaines! »

— Je disais : « Larges yeux de la femme ! ô clartés,
Où l'amour entrevoit un ciel insaisissable !
O regards qui roulez aux bords des cils un sable
Fait de nacre, d'azur et d'or ! Sérénités
      Des yeux diamantés ! »

— Nyssia dit : « Là-bas, ce bassin solitaire
Qui dort ainsi sans ride au fond du bois, vraiment,
Semble avoir la puissance étrange de l'aimant.
Autour de lui, regarde, un brouillard délétère
      Plane comme un mystère. »

— Je répondis : « Tes yeux, Nyssia, tes yeux clairs,
Ces yeux que mon soupir sans les troubler traverse,
Fascinent par l'attrait de leur langueur perverse.
Un magique pouvoir aiguise leurs éclairs
      Qui filtrent dans mes chairs. »

— « Vois, disait Nyssia, l'étonnante apparence
Qu'ont les plantes sous l'eau, les plantes et les fleurs.
Comme tout se revêt de féeriques couleurs !
Sous ce lac enchanté je sens qu'une attirance
      Vit dans sa transparence. »

— « Dans tes yeux, lui disais-je, ô Nyssia ! je vois
Tous mes rêves, tous mes pensers, toutes mes peines.
Rien qu'à les voir, mon sang se tarit dans mes veines.
Souriants sous la nacre, au fond de tes yeux froids
    Ils vivent, je le crois. »

— « Suis sur tous ces reflets, suis la molle paresse
D'une flamme émoussée au fond d'un ciel plus doux.
Ces images de paix qui s'allongent vers nous,
Les sens-tu nous verser l'ineffable tendresse
    De l'eau qui les caresse? »

— « Nyssia, dans tes yeux je contemple, charmé,
Tous mes désirs nageant vers un azur plus tendre.
Tu regardes là-bas, Nyssia, sans m'entendre ;
Mais mon âme revoit son fantôme pâmé
    Dans tes yeux enfermé. »

—« Et pourtant, comme autour du bassin, me dit-elle,
Tout est morne ! Partout, vois, sur cette eau qui dort
Les arbres amaigris se penchent; tout est mort.
On dirait sur la rive une noire dentelle ;
    Cette source est mortelle. »

— « Prunelles ! chers écrins aux limpides cristaux !
Quand la frange de jais de vos grands cils s'abaisse
Et sur la joue au loin projette une ombre épaisse,
Je crois voir se fermer sur des Eldorados
    De funèbres rideaux. »

— « Dans ces pâles gazons où périt toute chose,
Tandis que leurs reflets restent verts sous les eaux,
Vois ces tertres, cachant le long des noirs roseaux,
Comme l'ancien secret d'une métempsycose.
    Là, sais-tu qui repose ? »

— « Autour de ta paupière, à l'ombre de tes cils
Dont les reflets charmants, derrière tes yeux calmes,
Caressent mes désirs comme de douces palmes,
Ah ! pour s'être enivrés de philtres trop subtils,
    Des rêves dorment-ils ? »

— « Les nymphes de ce bois sont dans l'herbe enterrées,
Les nymphes dont encor palpite le reflet,
S'éternisant sous l'eau dans sa blancheur de lait,
Comme celui des fleurs qu'elles ont admirées,
    Par un charme attirées. »

— « Sous l'éternel éclat de tes grands yeux polis,
Mille rêves pareils au mien, mille pensées
Reluisent. Je crois voir les flammes renversées
Des amours que les bords de ces yeux sous leurs plis
　　Roulent ensevelis. »

— « Lentement ces reflets ont tari toute sève,
Et tout revit sous l'eau si tout meurt sur les bords.
Ces images ont pris la vie à tous les corps,
Arbres, nymphes et fleurs, qui, penchés sur la grève,
　　Ont contemplé leur rêve. »

— « Nyssia, que me fait ce lac mystérieux
Dont tu parles? vers moi tourne enfin tes prunelles!
Je sens que tout mon être absorbé passe en elles,
Et que mon âme entière a plongé sous les cieux,
　　Nyssia, de tes yeux. »

Et Nyssia sourit : « Vis ou meurs, que m'importe!
Dit-elle ; maintenant que tressaille à son tour
Dans mes yeux l'immortel reflet de ton amour.
Oui, c'est vraiment ton âme, au fond de cette eau morte,
　　Ton âme, que j'emporte! »

Et l'eau se referma sur elle; un souffle erra
Longtemps au bord du lac, le souffle de son rire.
Et moi, je vois au fond mon reflet qui m'attire,
Et qui, lorsque ma vie à la fin s'éteindra,
    Sous l'eau me survivra.

LA CHANSON DE MAHALL.

C'est un soir calme; un souffle aux aromes subtils
Vanne de fleurs en fleurs, dans le parc séculaire,
Comme un sable léger le pollen des pistils;
Un soir d'été tranquille, une nuit tiède et claire;
La lune pacifique arrose les halliers;
Et dans l'herbe, pareils à deux grands boucliers
Qui d'un duel gigantesque attesteraient l'histoire,
Dorment deux lacs jaloux, d'acier blanc criblé d'or.

— Dans l'antique château brille seul l'oratoire
De Gemma. — Par moments, le long du corridor,
Comme l'appel lointain d'un mourant qu'on emporte,
Se traîne le soupir du vent, de porte en porte.
Hors la fenêtre rouge aux deux linteaux en croix,
Tout est sombre et désert dans l'antique demeure;
Hors la plainte du vent, rien n'élève la voix;
Dans l'antique manoir rien ne rit ou ne pleure.

Sur l'oratoire étroit pèse le dôme obscur;
Mais un haut lampadaire est dressé près du mur,
Et sur un portrait d'homme au noir sourcil projette
Les tremblantes lueurs d'une lampe d'argent.
L'âme du mort revit sur l'image inquiète,
Sans cesse du front blême aux lèvres voltigeant.
Au dossier blasonné de sa chaise ducale,
Croisant les mains, se tient Gemma, muette et pâle,
Immobile, debout, jeune et belle, en grand deuil.
Son bras luit à travers le crêpe qui le voile.
Foyer toujours ardent, s'allume encor son œil
Dont les fixes rayons jaillissent sur la toile.

Dans son cadre d'ébène, en face, un haut miroir
Réfléchit le portrait de l'homme au sourcil noir,
La veuve comme un spectre, et les sombres tentures
Qui s'écrasent le long des murs sur le tapis;
De longs jets de cristal courent sur ses sculptures.
Assise à la fenêtre et les yeux assoupis,
Une vieille marmonne entre ses dents branlantes,'
Troublant seule parfois le vol des heures lentes.
Tout au fond pend un christ d'ivoire, et devant lui
Brille un riche missel incrusté d'armoiries,
Sur le prie-Dieu de chêne, auprès de son étui.
Le silence s'amasse aux pieds des draperies.

Et voici que, crispant ses deux mains sur son cœur,
Où monte et bout le flot grondant de sa douleur,
Gemma se tord soudain, renversée en arrière.
Elle arrache ses yeux, rouges des pleurs taris,
De ce regard jamais voilé par la paupière,
Et, la gorge entr'ouverte à d'impossibles cris,
Marche se roidissant dans la chambre, suivie
Par ce regard dardé du fond d'une autre vie.

Elle s'arrête enfin, droite, dans l'angle clair
De la haute fenêtre, où, dans l'ombre baignée,
La vieille à l'autre coin chante sur un vieil air,
Et près de son rouet s'endort, sombre araignée.
Tout le passé remonte en Gemma, jours par jours;
Et du parc au hasard suivant les longs détours,
Sa pensée ainsi roule en son muet supplice :

—«Ciel tranquille ! ciel vaste et profond! dont la paix
Semble s'éterniser sous les nappes d'eau lisse,
Et lointaine descend dans les taillis épais!
Dôme silencieux des nuits, qui rassérènes!
Comme ils sont loin ces jours aux blancheurs souveraines'
Que, comme vous limpide et calme, j'ai vécus!
Où le métal poli de mes froides prunelles,
O rêves, émoussait tous mes désirs aigus!
Où j'allais promenant mes gaîtés fraternelles
Dans le vert paradis des bois pleins de soleil;
Où nul regard encor ne hantait mon sommeil!
Ah! tu dormais naguère en mon sein, comme un lâche,
Mon cœur! profondément tu dormais! un vautour,

De son bec implacable, aujourd'hui, sans relâche,
En te criant : « Trop tard ! » te déchire à ton tour ! »

Et tandis que Gemma, de sa main, qui la broie,
Comprime sa poitrine au repentir en proie,
La vieille chante, ainsi qu'en un rêve, tout bas :

. « La pluie aux grains froids là-haut tombe à verse.
Mon cher enfant dort, et moi je le berce,
Dans son berceau fait de chêne et de plomb.
J'entends un bruit sec qui gratte et qui perce.
Tu dors, mon enfant, d'un sommeil bien long !
— Mon enfant s'agite en ses draps de plomb.

Un lourd cauchemar, mon enfant, t'agite.
Ton berceau de chêne est un mauvais gîte.
— Mon âme est partie, et vide est mon corps ! »

Gemma sait que Mâhall est une pauvre folle
Qui l'aime, voilà tout, mais qu'on ne comprend pas.

L'angoisse, dont blémit sur son front l'auréole

Sinistre, la rend sourde aux vains mots. — Elle entend

Son remords qui plus haut parle, lui répétant :

— « Trop tard ! il est trop tard ! rappelle-toi ! Déroule

Ce chapelet maudit et long des jours ingrats,

Où les appels perdus vers toi montaient en foule ;

Où sous tes seins, glacés alors entre tes bras,

Se creusaient du néant les voûtes taciturnes ;

Où rêves et parfums, débordant de leurs urnes,

Ne faisaient rien vibrer en toi, n'embaumaient rien !

A jamais maintenant dans la nuit vengeresse,

Dans l'oubli de tes yeux et du martyre ancien,

Il dort. Nul souvenir du passé ne l'oppresse.

Il a tout oublié de la vie ; il est mort !

Eh bien ! apprends l'amour ! Sous la dent qui te mord

Regarde ruisseler ton sang expiatoire !

Vierge, tu souriais aux larmes de l'amant,

Fière de ta beauté, n'ayant pas d'autre gloire,

Et ne comprenant rien à l'ardeur d'un serment.

Mais femme, ta beauté de marbre encor s'est tue ;

Et tu ne voyais pas aux pieds de ta statue

La volonté tomber, et se briser le cœur

De l'époux dont tu fus la suprême pensée;
Et voilà que son spectre a vaincu ta torpeur,
Et que, te souvenant, tu l'aimes, insensée!

Gemma songe. En dormant Mâhall chante tout bas:

« Un lourd cauchemar, mon enfant, t'agite.
Ton berceau de chêne est un mauvais gîte.
— Mon âme est partie, et vide est mon corps.
Si je vis ou rêve, hélas! moi j'hésite.
J'appartiens souvent aux âmes des morts;
Mon enfant, ton âme agite mon corps.

Dans l'œil des enfants lisent leurs nourrices.
Les morts ont aussi parfois leurs caprices. »

— Lorsque chante Mâhall on ne l'écoute pas. —
Gemma songe. « Bonheur, plaisir, joie, espérance!

Quand l'angoisse nous tient à la gorge, impuissants,

Ces mots qu'on poursuivait jusqu'en leur apparence,

Devant l'immensité perdue ont-ils un sens?

Ah! le regret, bien plus que l'espoir, dans notre âme

Sait éclairer la nuit de son horrible flamme!

Certe, il m'aimait jadis d'un amour effréné,

Dardant vers moi l'effort des volontés mortelles,

L'homme qui vers la nuit aveugle s'est tourné,

Consumé par son rêve éteint dans mes prunelles.

Si je n'ai rien compris alors, ni cet amour,

Ni cet espoir puissant de m'animer un jour,

Ni cette volonté, ni sa morne agonie,

D'où vient qu'après sa mort mon cœur s'est éveillé,

Lentement, par degrés, de sa longue atonie?

D'où vient qu'en mes yeux froids un éclair a brillé,

Que mon âme est sortie enfin d'un noir abîme,

Et lit profondément dans l'infini sublime

De cet amour perdu qui me brûle aujourd'hui? »

Et Gemma vers la chambre où le portrait l'attire

Se retourne, et revient s'arrêter devant lui.

Sur ses noirs vêtements pendent ses bras de cire.
— Mâhall reprend son rêve et sa chanson tout bas :

« Dans l'œil des enfants lisent leurs nourrices.
Les morts ont aussi parfois leurs caprices.
Lorsque tu souffrais, je sais une fleur
Que je te donnais pour que tu guérisses;
Son baiser rendait ton sommeil meilleur.
— Mon enfant demande une étrange fleur !

Il sait des secrets plus vieux que la tombe!
— La pluie aux grains froids sur mes membres tombe. »

Les yeux sur le portrait, Gemma ne l'entend pas;
Son corps est immobile et sa lèvre est muette,
Mais son amour ainsi toujours gronde en son sein :

— « Ah ! dans ces yeux ouverts une âme se reflète !

Et j'y vois clairement flotter encor l'essaim

Des rêves incompris qui maintenant me rongent!

Tyranniques regards! comme en mon cœur ils plongent!

Mieux et plus haut en moi que les yeux d'un vivant,

Ils parlent nuit et jour et m'ont enfin soumise;

Et j'y vois se mirer, balayés par le vent,

Tous les édens fermés de la terre promise!

Mais les inassouvis dorment-ils à jamais?

Dans tes lits donnes-tu l'oubli que tu promets,

O mort! — A-t-il donc pu m'oublier dans ta fosse?

Il n'aimait point alors! Seule, je sais aimer,

Moi qui sens que ta voix comme toute autre est fausse,

Et qu'à l'heure où sur moi le plomb va se fermer,

Mon amour éternel, pour l'éternel supplice,

M'enlacera les seins de son royal cilice!

Mais non! s'il était vrai que pour l'éternité

Rien ne survit, ô mort! de l'antique amertume;

De moi, de son amour s'il n'a rien emporté,

Qui donc met dans ces yeux comme un appel posthume? »

— Et Gemma se rapproche et touche le portrait,

Dont une clarté douce anime chaque trait,
Et dont la lèvre luit plus rouge, et semble humide.
— Mâhall sur l'escabeau chante encore tout bas :

« Il sait des secrets plus vieux que la tombe!
— La pluie aux grains froids sur mes membres tombe.
Oh! rouge est la fleur! mortel son poison!
Pourquoi la veut-il? pour quelle hécatombe?
— Moi, dans la forêt, je cours sans raison!...
Un mort veut baiser, ô fleur! ton poison!

Hier, j'ai frotté de poison sa bouche.
Dans son cadre il dort : que nul ne le touche! »

—«Non, non! —pense Gemma, —quelque désir avide
Jaillit de ces yeux noirs qui ne me quittent pas.
La mort a des secrets plus anciens que la tombe!
L'éclair qui m'enveloppe et sous qui je succombe,
Quel peintre aurait donc su le fixer dans ces yeux?

Non! j'aime mieux plutôt croire qu'une âme encore
Me poursuit par delà son tombeau soucieux ;
Qu'un amour plus ardent, dont l'effluve dévore,
Peut triompher enfin quand les sens sont glacés.
Ah ! s'il en est ainsi, chère ombre ! c'est assez !
C'est assez t'agiter ! Ou vengeance ou victoire,
Vois, je t'aime aujourd'hui plus que tu ne m'aimais !
Apaise-toi ! repose enfin dans la nuit noire !
Plus que ne fit le tien, mon cœur saigne à jamais ;
Et j'expie ! et j'attends l'heure du dernier râle.
Alors vers toi j'irai dans la paix sépulcrale,
Plus riche de baisers et de larmes de sang,
Que toi de désespoir et de rêves stériles !

— Une flamme qui tremble et qui va pâlissant
Fait courir sur les murs les ombres plus fébriles ;
Et la vieille Mâhall chante encore tout bas :

« A travers un cadre il tendait la bouche,
J'ai frotté la fleur. Que nul ne le touche !

— Le désir des morts dompte les vivants.

Ainsi qu'un portrait, dans un cadre il couche !

—Dans mon vieux corps vide et branlant aux vents,

Les âmes des morts veillent les vivants ! »

Gemma vers le portrait a fait un dernier pas.

Elle colle sa bouche ardente sur la lèvre

De l'homme au sourcil noir, qui semble avoir souri ;

Puis chancelle, frémit de courts frissons de fièvre,

Et tombe foudroyée, et sans pousser un cri !

JAMAIS.

.

Amour! dans tous les temps les hommes t'ont chanté,
Toi, qui veux qu'une horrible et longue volupté
Fouille comme un remords au fond de ta blessure;
Toi, qui pour ta victime aimée, et la plus sûre,
Choisis le plus fervent de tes adorateurs,
Et n'es clément jamais que pour tes contempteurs;
Toi, qui sais au fronton de ton enfer inscrire
Les promesses sans fin et l'éternel sourire

Des Paradis ouverts sur les Edens pleurés ;
Toi, qui mets sur le front de tes martyrs sacrés
Le seul orgueil qui reste aux damnés, et la gloire
De t'avoir fait un dieu, toi, désir illusoire !

Comme en son noir palais, tel, encor ce jour-là,
Le démon qui l'habite en mon âme parla.
Et depuis bien des jours il criait dans ma vie ;
Et les anges rieurs que notre esprit convie
A rallumer en nous tous les flambeaux éteints,
Fuyaient devant cet hôte aux yeux froids et hautains.

Et lorsque vint le soir, ce fossoyeur fidèle
De toutes nos fiertés, qu'il abat d'un coup d'aile,
Courbant ce même front qu'insulta le dédain,
Comme un voleur j'ouvris la grille du jardin ;
Et, tremblant à mes pas sur le sable qui crie,
Tournant la tête au vent dans la branche flétrie,
Plus pâle encor, plus lâche encor, plus lentement
Encor, je m'avançai dans l'ombre, comprimant

Sous ma main, dans mon cœur, la révolte et la honte,
Au souvenir maudit qui dans le fiel remonte.
— Ah! ce soir-là, plutôt qu'un autre, quel espoir
Avait comme un parfum embaumé l'air du soir?
Quand le soleil fondit dans sa vapeur cuivrée,
Quel rêve, m'imposant l'illusion qu'il crée,
M'avait dit : C'est l'aurore! on t'appelle! suis-moi!
Quel nuage avait pris, pour raffermir ma foi,
L'apparence d'un front qu'un sourire illumine?
Quelle heure d'autrefois, comme une fleur d'hermine,
Se dressa plus vivace au fond des jours passés?
Qu'étaient venus chercher mes désirs insensés?
Et quand j'eus traversé la solitaire allée
Pleine encor des senteurs de ses cheveux, peuplée
De blancs spectres de robe aux détours des chemins;
Quand, appuyant mon front à la vitre et mes mains,
Je regardai la salle où mon âme était née
Sous les yeux violets qui l'avaient condamnée,
Qu'espérais-je y revoir, sinon les longs éclairs
D'un invincible arrêt brûlant dans ses yeux clairs;
Sinon la joie immense, à tout souci rebelle,
De vivre et d'être jeune, et de se savoir belle,

Et de rire en pensant au mal qu'ont fait ses yeux?

Certes, les froids tombeaux sont moins silencieux
Que ne l'était la chambre aux lueurs amorties;
Et sans doute, entr'ouvrant ses ailes pressenties,
L'ange des maux subits, sinistre et sans pitié,
Épiait, attentif, l'œuvre faite à moitié.
Au milieu des coussins elle était là, couchée;
Et par instants sa main, de l'ombre détachée,
Chassait les rêves noirs avec un geste prompt.
Mais sous leur vol plus lourd se retournait son front;
Et leurs lèvres, que rien n'arrête ou ne déjoue,
Marquaient un baiser rouge au milieu de sa joue.
Son autre main dormait dans celles du vieillard,
Qui tout auprès, debout, la couvrant d'un regard
Sec et vide, semblait chercher dans sa mémoire
La fille, seul souci de ses jours, et sa gloire.
Mais l'éclair de la vie avait seul déserté
Son visage. Jamais l'orgueil de la beauté
N'auréola plus fière et plus pâle statue.
Immobile, les yeux ouverts, de blanc vêtue,

Elle semblait attendre et défier sans peur

Les doigts de l'invisible et funèbre sculpteur

Qui sur les corps sans âme après la mort s'obstine.

Celle qui, m'enlaçant de sa joie enfantine,

Par ses yeux, où mouraient mes regards abîmés,

Dans mon âme versa l'horreur des cieux fermés;

Celle-là, dont l'image au fond de ma pensée,

Le jour où je jurai qu'elle en serait chassée,

S'installa plus riante et défiant l'oubli;

Celle-là n'était plus qu'un songe enseveli

Dans le riche cristal de mes larmes taries.

Mais le fleuve est plus grand, douleur, où tu charries

Dans mon âme aujourd'hui l'effroi noir du néant;

Et d'éternels cyprès au feuillage géant

Bordent tous les sentiers dont je cherche la trace.

Maintenant, ce n'est plus son sourire ou sa grâce

Qui creuse dans mon cœur l'angoisse du regret.

Ma mémoire, aujourd'hui, sans trouble évoquerait

Ses boucles, et ses yeux, et sa lèvre ravie,

Où j'avais cru noués tous les fils de ma vie.

Fantôme d'autrefois, à jamais détrôné,

Je souris à mon tour, et je t'ai pardonné.

Boucles, qui des parfums me sembliez l'image,

Prunelles, dont jadis je m'étais cru le mage,

Lèvres, qui m'emplissiez d'échos intérieurs,

Lointaines visions, qui revivez ailleurs!

Non, mon âme jamais n'a pleuré vos chimères;

Ma douleur n'avait pas, ô formes éphémères!

Sondé les profondeurs blêmes du désespoir,

Et, corbeau séculaire au fond d'un vieux manoir,

Sinistre suzerain des demeures désertes,

Dans les cendres traîné ses deux ailes inertes.

Vous m'aviez abusé, mes pleurs avaient menti;

Je n'avais pas souffert; je n'avais pas senti

Tes ongles dans mes chairs, tes flammes dans mes veines,

Amour, dieu languissant, couronné de verveines!

Ce soir-là seulement j'ai compris, et j'ai bu

Les philtres abhorrés de ton ciel inconnu.

En un instant, ce soir, des siècles d'amertume

Ont dans mon sein roulé leur corrosive écume.

Et je sais à présent, et pour l'éternité,

Ce que c'est que l'enfer d'un rêve épouvanté

Où tu trônes, muet, ouvrant tes sombres ailes,

Amour, dieu frémissant, couronné d'immortelles!

Oui, devant ce visage au front de marbre, aux yeux

Sublimes, obscurcis de secrets orgueilleux ;

Devant le solennel silence de ces lèvres

Où voltigeait encor le souffle ardent des fièvres ;

Devant cette victime attendant sans combats

Le messager divin dont elle entend les pas,

Un immortel sanglot emplit mon âme entière.

Et sur mon passé mort, debout, l'image altière

De la mourante en moi se dressa désormais,

Dans ses boucles d'ébène, immobile à jamais.

—Ah! dans des yeux profonds si nos yeux savent lire,

En ce moment, les siens recélaient le martyre

D'un cœur brûlé des feux d'un indicible amour,

D'une âme que l'angoisse a rongée à son tour,

Et qui dans la fierté d'un ciel promis s'exile,

Ainsi qu'en son orgueil meurt son beau corps tranquille.

Et si, pour y tenter un suprême entretien,

Ce soir-là son regard eût plongé dans le mien,

Certe, elle eût tressailli d'y voir jaillir vers elle,

Jusqu'au fond de ses yeux où l'ombre s'amoncelle,

La réponse infinie à son rêve infini.

Et si la mort qui plane autour d'un front terni

Laisse parfois le sang y refluer encore,

Comme au pic endormi la rougeur de l'aurore,

Qui donc peut du destin faire attendre la loi?

Qui donc peut commander aux dieux, si ce n'est toi,

Amour, dieu tout-puissant, roi des métamorphoses?

Dans mon ombre du moins tu m'as soufflé ces choses.

Un fol espoir flottait devant moi; je l'ai cru.

Sous les arbres, alors, sans penser j'ai couru.

Il m'en souvient, quelqu'un avait ouvert la grille;

Des voix avaient parlé du père et de la fille;

Deux hommes noirs venaient; sur leurs pas ténébreux

Je m'élançai sans bruit, et j'entrai derrière eux.

Le père, sans parler, les laissa prendre place

A ses côtés. Tout bas, en tenant sa main lasse,

Ils causaient, secouant la tête par moment;

Le vieillard regardait sa fille fixement;

Puis j'entendis s'ouvrir derrière moi la porte;

L'un d'eux disait : « Demain cette enfant sera morte. »

Le corridor laissa glisser ses souffles froids,

Et nous restâmes seuls dans la chambre, tous trois.

Qu'ai-je dit au vieillard alors? Quelle croyance

Eut-il en moi, celui dont la vaste science
Se reniait vaincue, et qui ne priait pas?
Quel geste lui sembla commander au trépas?
Je ne sais. Insensé! savais-je aussi moi-même
Ce que je murmurais, dans cette nuit suprême,
Sur ce front où posait l'ombre d'un doigt mortel?
Je sais que je parlais; qu'un sacrilége appel,
Lui-même, s'exaltant au remords qui l'enivre,
La suppliait de croire à l'amour, et de vivre;
De détourner son cœur d'un ciel vide qui ment;
De ressaisir enfin la force à mon serment;
D'aimer, et d'entr'ouvrir ses lèvres, dans l'ivresse
De l'Eden triomphal que mon amour lui dresse!
— Mourir! Non, si des yeux pareils se sont fermés
Jamais, c'est que des yeux ne les ont point aimés!
Si pareille beauté s'est pour toujours éteinte,
C'est que deux bras ardents ne l'avaient pas étreinte!
C'est qu'un amour puissant, aux longues volontés,
N'avait pas imploré ces yeux désenchantés,
Ni sur ce corps soufflé le désir de renaître!
Ou bien, c'est qu'ils voulaient mourir ces yeux, peut-être;
C'est qu'il voulait dormir sous l'herbe, ce beau corps!

Prières et serments, impérieux efforts,
Tout se brisa devant son obstiné silence.
Nul éclair n'a brillé sous la morne indolence
Du brouillard ténébreux qui submergeait déjà
Ces grands yeux dilatés où mon âme plongea.
Elle entendait pourtant. De ses lèvres hautaines,
Par trois fois, à la fin, deux syllabes lointaines
Tombèrent lentement, plus froides que le fer.
Le mot que vont hurlant les démons dans l'Enfer,
Jamais! jamais! jamais! par trois fois dans mon âme
J'en ai senti l'écho refouler toute flamme.
Et la nuit, d'heure en heure, étreignait son beau sein;
Et plus épouvanté qu'un nocturne assassin,
Plus muet que son père au désespoir stérile,
Jusqu'au jour, avec lui, sur son sommeil fébrile
Je veillai, dans mes mains pressant ses doigts roidis.
Et la lampe trembla sous l'aube; et j'entendis
Dans le jardin chanter les oiseaux sur les branches.
La croisée allongea vers nous ses formes blanches.
Alors un long soupir glissa sur son réveil;
Et, pressentant de loin l'approche du soleil,
Elle sourit, le front tourné vers la fenêtre.

Un frisson de plaisir courut dans tout son être ;

Et, se dressant debout dans ses vêtements blancs,

Au-devant du matin elle ouvrit ses bras lents.

Un flot d'or ruissela, la baignant de lumière ;

Et, fermant à jamais sa lèvre et sa paupière,

Elle se renversa roide et morte en nos bras.

Et vous nous entouriez funèbres apparats !

Et l'âcre odeur montait de l'encens et des cierges ;

Et sur son lit couvert des fleurs pâles des vierges,

Ses traits inanimés s'ennoblissaient encor ;

Et le jour s'éteignit ; et dans le corridor

La nuit froide montait, traînant, par intervalles,

De longs gémissements sous les portes des salles ;

Et le vieillard, sans voix, sans pleurs, sans mouvement,

Vers la morte toujours regardait fixement ;

Et moi, je m'abîmais dans l'affreuse inertie

D'un corps vide sur qui pèse l'ombre épaissie.

Et voilà que, du fond de l'Érèbe où mon cœur

Sombrait, jaillit soudain une étrange lueur,

Qui grandit, m'inondant de son aube divine,

Et qu'un frais hosannah chanta dans ma poitrine.

Dans un vertigineux élan je me dressai,

Et sur ce corps muet par l'esprit délaissé

Je me penchai, criant ces paroles avides :

— « L'Aurore s'est levée au fond des cieux livides !

Toi qui fus implacable alors que tu vivais,

Qui mourus en vouant ma vie aux dieux mauvais,

Métella ! Maintenant ton âme fraternelle

A compris, et cette âme en s'envolant m'appelle.

Elle m'aime à la fin ! Je le sais. Je la sens

Qui vante en moi du ciel les amours renaissants.

Eh bien ! du seuil conquis de la patrie ouverte

Enfin ; au nom maudit de l'angoisse soufferte

Jadis ; au nom sacré de cet amour promis ;

Si ton âme erre encor sur tes traits endormis,

Enfreins l'ordre du ciel ! Revis une seconde !

Je t'adjure ! Qu'un mot, qu'un geste au moins réponde !

Est-ce toi qui passas dans mon rêve éperdu ?

Métella ! Métella ! Maintenant m'aimes-tu ? »

Et ces mots voltigeaient dans les ombres encore,

Que je vis s'entr'ouvrir cette bouche incolore ;

Et dans l'abîme noir où je redescendais,

Une voix sans nom dit : Jamais ! jamais ! jamais !

MARCHE FUNÈBRE

(Chœur des derniers hommes.)

Les temps sont accomplis des vieilles prophéties!
Ils sont venus les jours d'universelle horreur.
Les ombres du néant, d'heure en heure épaissies.
S'allongent sur nos fronts écrasés de terreur.

Ils sont venus les jours d'agonie et de râle.
A l'orient jamais plus de matins nouveaux!
Comme du bronze noir qui ferme les caveaux,
Résonne du sol dur la clameur sépulcrale.

13.

Les ténèbres sur nous amassent leurs replis.
Au ciel rien désormais qui regarde ou réponde!
Derniers fils de Caïn, les temps sont accomplis.
Pour toujours cette fois la mort est dans le monde.

Sous les astres éteints, sous le morne soleil,
La nuit funèbre étend ses suaires immenses.
Le sein froid de la terre a gardé les semences.
Son heure vient, d'entrer dans l'éternel sommeil.

Les derniers dieux sont morts; avec eux la prière.
Nous avons renié nos pères et leurs lois.
Nul espoir ne reluit devant nous; et derrière,
Ils ne renaîtront plus les rêves d'autrefois.

Sur l'univers entier la mort ouvre son aile
Lugubre. Sous nos pas la terre sonne creux.
N'y cherchons plus la vie. Aussi bien, malheureux,
Dans nos veines la séve est morte comme en elle.

Hommes! contemplons-nous dans toutes nos laideurs.
O rayons qui brilliez aux yeux clairs des ancêtres!
Nos yeux ternes, chargés d'ennuis et de lourdeurs,
Se tournent hébétés des choses vers les êtres.

Spectre charmant, amour, qui consolais du ciel,
Amour, toi qu'ont chanté les aïeux incrédules,
Nul de nous ne t'a vu dans nos froids crépuscules.
Meurs, vieux spectre gonflé d'amertume et de fiel.

Notre œil n'a plus de pleurs; plus de sang notre artère.
Nos rires ont bavé sur ton triste flambeau.
Si jamais tu fis battre un cœur d'homme sur terre,
Amour, notre âme vide est ton hideux tombeau.

Le repentir est mort dans nos églises sourdes.
Après l'amour est morte aussi la volupté.
Nul espoir devant nous; au ciel nulle clarté.
Rions affreusement dans les ténèbres lourdes.

L'antique orgueil n'est plus, ô peuples endormis !
Qui flamboyait encor sur votre front naguère.
L'orgueil a terrassé les dieux, ses ennemis;
Il est mort de sa gloire en regrettant la guerre.

Aux dernières lueurs de nos feux, en troupeau,
Mêlés au vil bétail que courbe l'épouvante,
Attendons les yeux bas; n'ayant plus de vivante
En nous, que la terreur qui court sous notre peau.

Quelqu'un sent-il vers l'or frémir ses doigts inertes,
Et le honteux prurit crisper encor sa chair?
Non, tout désir s'éteint dans nos âmes désertes.
Plus rien qui dans nos yeux allume un seul éclair.

Soif du sang fraternel, fièvre chaude du crime,
Vous attestiez la vie au moins par le combat.
Le mal qui vous leurrait de son sinistre appât,
De deux vertus peut-être ennoblissait l'abîme.

Force et courage en nous sont morts avec le mal.
Les vices n'ont plus rien en nos cœurs qui fermente.
Sur l'esprit avili triomphe l'animal,
Qui vers un inconnu terrible se lamente.

Qui d'entre nous jamais t'a pris pour guide, honneur,
Et senti ton levain soulever sa colère?
Il gît sous nos débris ton dogme tutélaire.
Tu dors depuis longtemps, fantôme raisonneur.

Sur les cercueils fermés plus un seul glas qui sonne.
Dans l'insondable oubli sombrent les noms fameux.
Qui de nous s'en souvient? Qui les pleure? Personne.
O gloire! nul de nous en toi n'a cru comme eux.

Soleil, qui mûrissais beauté, forme et jeunesse,
Faisais chanter les bois et rire les remords,
Nous n'avons, nous, connu, soleil des siècles morts,
Que ta sombre lueur et ta triste caresse.

Une mer de dégoûts, femmes, remonte en vous,
Devant l'abjection cynique de nos faces.
Quand nous avons cherché vos yeux, nous avons tous
Abhorré le désir dompteur des jeunes races.

La haine est morte. Seul a survécu l'ennui,
L'épouvantable ennui de nos laideurs jumelles,
Qui tarit pour toujours le lait dans vos mamelles,
Et nous roule au néant, moins noir encor que lui.

Et toi, dont la beauté ravissait les aurores,
Fille de la lumière, amante des grandeurs,
Dont les hautes forêts vibraient, manteaux sonores,
Et parfumaient le ciel de leurs vertes splendeurs;

Terre, qui meurs aussi, dans la nuit qui nous lie,
Comme un crâne vidé, nue, horrible et sans voix,
Retourne à ton soleil! une seconde fois,
S'il brûle encor, renais à sa flamme pâlie !

Mais au globe vermeil heurtant ton globe impur,
Puisses-tu revomir nos os sanglants, ô terre !
Dans le vide où ne germe aucun monde futur,
Tous, à jamais lancés par le même cratère !

TABLE

—

3785   Paris, imprimerie Jouaust, 338, rue Saint-Honoré.